不屈
挫折をバネに飛ぶ男

清水邦広

KADOKAWA

はじめに

　僕のこれまでのバレーボール人生を振り返ると、勝った試合や成功したことはあまり記憶に残っていません。敗北や挫折《ざせつ》のほうが、鮮明に脳裏に焼き付いていますし、そうした経験があったからこそ、今の自分があります。

「たぶんあそこで勝っていたら、僕はここまで伸びていなかっただろうな」と思う敗戦がいくつもありますし、挫折、その中でも特に怪我との戦いに多くの時間を費やしてきました。それを乗り越えるたびに成長できたし、這《は》い上がる力が身についたと感じています。

　悔しい思いや挫折をエネルギーにして、反発力を生み出すタイプなんでしょうね。悔しさを糧に自分を鍛え、より高く跳べるようになったし、挫折を乗り越えることで精神的にも成長し、心も高く飛べるようになったかなと思います。

　中には、これは乗り越えられないんじゃないかと思うような試練もありました。怪我にはこれでもかというほど苦しめられました。「なんでオレが?」と、何度思ったかわかりません。

特に２０１８年2月の試合中に負った、右膝《ひざ》の全治12ヶ月の大怪我は、僕の心を一度はボキッと折りました。

ドクターの説得のおかげで、引退は思いとどまり、復帰を目指すことを決めましたが、リハビリが思うように進まず、気持ちの浮き沈みが激しい時期もありました。

そんな時に出会ったある人に、こう言われました。

「人生80年あるとして、その長い人生に比べたら、怪我をしている期間なんて一瞬だよ。5年後、10年後になったら、ほとんど忘れているか、いい思い出になっている。今は、『めっちゃキツいわ』とか、『なんでオレだけ』と思うかもしれないけど、それは人生において一瞬の出来事だから、あまり深く考えすぎず、時には流れに身を任せたっていいんだよ。どんなにつらいことも、ある程度は時間が解決してくれるものだから」

この言葉が胸に沁《し》みて、少し気持ちが楽になりました。

実際にそれから約5年が経ってみて、「本当にその通りだな」と実感しています。怪我をした瞬間は絶望しましたし、「人生終わった」とまで考えましたが、今では全部、いい思い出になっていますから。人間って不思議ですね。

本当にいろいろな困難もあって、多くの人に助けられ、支えられてきた僕のバレー人生を、カタチとして残したいな、みんなに知ってもらいたいなと思ったことが、自分の本を出すきっかけとなりました。

怪我や挫折と隣り合わせで、それでも30代後半になった今もまだ現役を続けられている僕のこれまでを知ってもらうことで、誰かを元気づけたり、何かプラスの影響を与えることができたりするかもしれないと考えたからです。

みなさんに少しでも「頑張ろう」と思う力を届けられたら幸せです。

目次

はじめに　3

第1章　バレーボールとの出会い　11

エースになりたい！／セッターは嫌だ！／初めての衝撃／初めて訪れたバレー人生のピンチ／恩師に買ってもらった時計

第2章　運命のライバル　31

上達するためのライバル探し／運命のライバル／一つになった最後の夏／勝って伸びるより、負けて伸びる／勝つまでは、一緒にやらない／「オレは変わらなきゃ」／全日本インカレの屈辱

第3章　21歳で挑んだ北京五輪――55
日本代表デビュー／師匠・荻野さんと『蕾』を熱唱／限界突破の厳しいトレーニング／忘れられない2人きりの合宿／北京五輪世界最終予選／初めてのオリンピック／ライバルから、戦友へ

第4章　世界の高い壁――77
1年目にVリーグ優勝・MVP／勝てない日々／ロンドン五輪世界最終予選／「日本が置いていかれる」という焦燥感／光明／データ活用による変化

第5章　不屈　怪我との戦い――93
何気ない日常のありがたさ／自戒／絶望／「もう一度、このメンバーとコートに立ちたい」／感染症との戦い／子供の頃のように／復帰戦／応援のありがたさ

第6章　五輪の架け橋になる――125
「東京五輪も諦めていません」／背中を押した奇跡の出会い／予期せぬ東京五輪の〝延期〟／メンバー選考の舞台裏／這いつくばってでも／13年の時を超えて／壁を越えて、決勝トーナメントへ／敗戦のあとに見えた未来

第7章　個性あふれる日本代表メンバーの素顔――151
日本が世界大会でメダル獲得／フィリップ・ブラン監督／石川祐希主将（パワーバレー・ミラノ）・アウトサイドヒッター／西田有志（パナソニックパンサーズ）・オポジット／宮浦健人（パリ・バレー）・オポジット／髙橋藍（日本体育大学／モンツァ）・アウトサイドヒッター／大塚達宣（パナソニックパンサーズ）・アウトサイドヒッター／柳田将洋（東京グレートベアーズ）・アウトサイドヒッター／高梨健太（ウルフドッグス名古屋）・アウトサイドヒッター／関田誠大（ジェイテクトSTINGS）・セッター／深津旭弘（東京グレートベアーズ）・セッター／山内晶大（パナソニックパンサーズ）・ミドルブロッカー／小野寺太志（サントリーサンバーズ）・ミドルブロッカー／髙橋健太郎（東レアローズ）・ミドルブロッカー／山本智大（パナソニックパンサー

ズ）・リベロ／小川智大（ウルフドッグス名古屋）・リベロ／藤井直伸（東レアローズ）・セッター

第8章 ずっとバレーボールとともに——195
「指標になる」／長く続けられるのはクビアクのおかげ／家族の存在がエネルギーに／今、僕がやるべきこと／ずっとバレーボールに携わっていく

特別対談 清水邦広×福澤達哉 213
最年少時代は裏方仕事もバッチリ／〝オレたちの時代〟を誓い合うも、苦しんだ／互いをつなぎとめた言葉／「オレじゃなくて清水でよかった」の真意

おわりに 241

ブックデザイン　國枝達也

第1章

バレーボールとの出会い

エースになりたい！

「お母さん、めっちゃすごい！　エースやん！」

僕がバレーボールに魅了されたきっかけは、ママさんバレーで活躍する母の姿でした。

母は高校時代に国体で3位になったことがあるバレー選手で、僕が生まれてからもママさんバレーに打ち込んでいました。僕は物心つく前から、母の練習に連れていってもらっていましたが、幼い頃は、同じように連れてこられていた子供たちと一緒に遊ぶことに夢中で、母がプレーしている姿をちゃんと見ることなんてなかったし、バレーにも興味がありませんでした。

でも、小学生になったあたりから徐々に、「お母さんは一生懸命、何をやっているんだろう？」と興味を持ち始めました。バレーのことは全然わかりませんでしたが、エーススパイカーだった母がスパイクを決めている姿を見て、「うわ！　カッコいいな！」と憧《あこが》れを抱くようになりました。

そのうち自分もバレーボールをやりたいと思うようになり、地元・福井県の上宇坂《かみうさか》小学

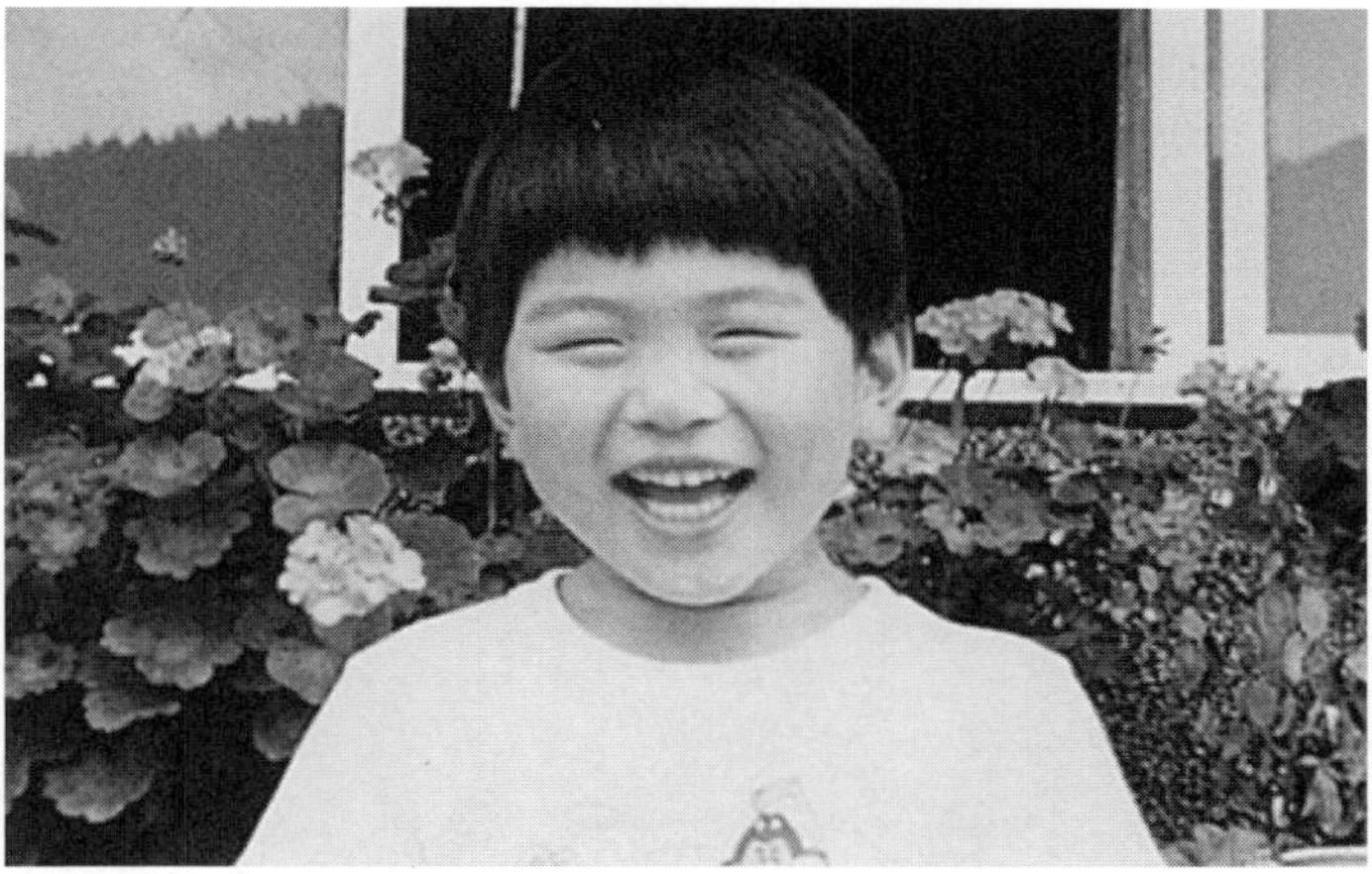

母のバレー姿に憧れた幼少期

校（現・美《み》山《やま》啓《けい》明《めい》小学校）4年生の時に、学校のバレーボールチームに入りました。

本来は5年生にならなければチームに入ることはできなかったのですが、僕は「今すぐバレーボールをやりたい！」と母に訴えました。

すると母は、校長先生に、「うちの子供が4年生から入りたいと言っているので、入れてもらえないでしょうか」と直談判してくれたんです。

子供の頃の僕はかなり人見知りが激しく、団体行動が苦手で、遠足に行くのも気が乗らず「行きたくないなー」と憂鬱《ゆううつ》になるようなタイプでした。学校行事のキャンプにも、行きたくなかったのでわざと必要な書類を提出せず、僕だけ行かなかったこともありました。

だから母は、「この子、大丈夫かな？」と心配していたと思います。その僕が初めて自分から積極的に何かをやりたがったので、この機会を逃してはいけないと、母は必死で校長先生に掛け合ってくれたのだと思います。

校長先生もすごく優しい方で、「それなら今すぐ始めたほうがいい」と言ってくれました。ただ、僕1人だけを特別扱いするわけにはいかないので、4年生全員に「今からバレーチームに入りたい子いる？」と聞いて、僕ともう1人、手を挙げた子が4年生からチームに入ることになり、僕はバレーボールを始めました。

田舎の小さな小学校だったので、体育館もバレーボールコート1面分取れるかどうかの大きさでしたから、壁に直接ネットを張って練習していました。

小学校では1年を通していろいろなスポーツをやりました。バレーボールは1年間通してやっていましたが、夏場は1日おきにソフトボール、冬場は1日おきに卓球もやっていました。

ソフトボールも楽しくて、僕はエースで4番。その頃から肩が強かったみたいで、僕の球が強すぎて小学生では捕れないからと、先生がキャッチャーをすることもありました。

上宇坂小学校時代（前列左から２人目）

中学校に上がる時には、野球部に入るか、バレー部に入るか、かなり悩みました。でも僕が入学した美山中学校は、野球部はあまり強くなくて、バレー部は県で1、2を争う強豪。バレー部の松本義昭《まつもとよしあき》監督には熱心に勧誘されました。

「すっごい選手にしてやるから、バレーボール部に入れ！」

松本監督にそう言われたことが強く印象に残っています。

「すっごい選手」という殺し文句に惹《ひ》かれて、「それだったら野球よりバレーやな」と、バレー部に入部しました。

セッターは嫌だ！

小学校でのバレーはどちらかというと遊びの延長だったので、あまり基礎練習はせず、みんなでワイワイ楽しくバレーボールをやろうという感じでした。僕も見よう見まねでスパイクを打っていたので、いろいろな癖がついていました。例えば、スパイクを打つ時、本来、左利きの選手は右足で踏み切ります。でも僕は左利きなのに、右利きの選手と同じように左足で踏み切っていました。いわゆる〝逆足〟というやつです。

中学で指導してくれた松本監督には「基礎をしっかりやらなければいけない」と言われ、そうした癖を全部直されました。

最初はスパイクを打たせてもらえず、バスケットボールのリングに向かって、正しい助走でジャンプする〝リングジャンプ〟をひたすら繰り返しました。

スパイクを打たせてもらえるようになっても、それまで左足で踏み切っていたのを、右足に変えたことで、最初はまったく思うように打てませんでした。ボールに全然パワーが乗らなくて、「これ、大丈夫かな？」と、ずっと首をかしげながら練習していましたね。

何より戸惑ったのが「声出し」でした。

バレー部は人数が多かったので、1年生は最初に外で基礎練習を行い、それが終わってから体育館に入るんですが、そこで待っていたのが「声出し」です。バレー部員は静かな子が多かったので、松本監督の「チームスポーツはもっと表現しなきゃいけない。体全体で表現したり、声を出さないと」という号令のもと、1年生は体育館のギャラリーに並んで、練習している先輩を大声で応援する、というのが伝統になっていました。

「○○先輩ファイトー！」

「頑張れー！」

それを20～30分間続けるんですが、僕はそれがめちゃくちゃ恥ずかしくて。もともと内気でしたし、男子バレー部の横では女子バレー部も練習していて、女子にもジロジロ見られるので、あれは本当に嫌でしたね。思春期にはつらいですよ（笑）。顔を真っ赤にしながらやっていました。でもあの練習のおかげで、僕も少しは声を出して表現できるようになりました。

先輩たちの練習にも徐々に入れてもらえるようになり、最初はずっとBチームでしたけど、3年生を相手に結構スパイクを決めていましたね。

でも松本監督がチラッと「お前はなんでもできるから、セッターもやらせてみたいな」と言い出したことがあったんです。

僕、セッターだけは嫌だったんですよ。だって、スパイクを打ちたかったから。

実は小学5年生の時にも、1年間セッターをやっていたことがあったんですが、その時も嫌で仕方がありませんでした。

「僕はお母さんみたいなエースになりたくてバレーボールを始めたのに、なんで人にトスを上げなきゃいけないんだ」って（笑）。

左利きの選手がセッターをやったほうが有利だという考え方が広くあったので、それも理由だったと思うんですけど。

なんとかしてスパイカーに戻りたくて、考えたのが、「下手すぎてセッターとしては使えない」と思わせる作戦でした。だから、その当時の監督に言われたアドバイスの逆、逆をわざとやりました。例えば、トスを上げる時に「肘《ひじ》を上げろ」と言われたら、わざと肘を下げたり。そうしたら下手になって、セッターで使われないだろうと思って。そんなことをしていたから変な癖がついてしまって、今でも僕はどちらかというとオーバーハンドパス（＊両手の指を使って頭上でボールを送り出すパス）が苦手なんですよね。代償は大きいです（笑）。だから今、バレーボール教室で子供たちに教える時にはいつも、「僕のオーバーパスはマネしちゃダメだよ」って言うんですけど。

中学生になってまた、松本監督に「セッターもやらせてみたいな」と言われた時には、「ヤバい、スパイクを頑張らないとセッターをやらされる」と思って、それからめちゃくちゃスパイクの練習をしました。そのおかげかどうかわかりませんが、無事にスパイカーを続けることができました。

中学入学時に168cmだった身長は、中学で約20cm伸びました。松本監督には、7ヶ所からスパイクを打てと言われていました。

前衛、後衛のライト、センター、レフトと、ジャンプサーブです。コートの中に高くトスを上げて、僕がどこからでも打つ、というスタイルでした。

初めての衝撃

中学2年生の時、初めて母にVリーグの試合に連れていってもらいました。そこで衝撃的な出会いがありました。サントリーサンバーズの試合で、相手は覚えていないのですが、当時サントリーのオポジット（＊基本的にサーブレシーブに参加せず、攻撃を主な役割とするポジション）だったブラジル出身のベルナルド・ジルソン選手のスパイクに衝撃を受けたんです。

ジルソン選手は、Vリーグ5連覇したサントリーの大黒柱で、MVPも5回連続でとったすごいオポジットなんですけど、試合前の彼のスパイク練習を見て度肝を抜かれました。

周りの選手もみんなVリーガーですから当然すごい選手ばかりですが、他の選手がコートに叩《たた》きつけたスパイクは、ツーバウンドぐらいして体育館の壁に当たっていました。でもジルソン選手のスパイクは、コートに叩きつけられたボールがそのままの勢いでスタンドの2階席まで行ってしまう。その威力がすごすぎてビックリしました。

当時、松本監督によくこう言われていました。

「すごい選手はたくさんいるけど、『うわ！　すごいな！』という選手はそんなにいない。お前は『すごい選手』じゃなく、『うわ！　すごいな！』という選手になれ。この『うわ！』が大事なんだ」

ずっとそう言われていたんですけど、僕は全然ピンと来なくて、「先生、何言ってるんやろ？」と思っていました。

でもジルソン選手を見た時に、「うわ！　すごいな！」って思わず声が出ちゃったんですよ。「これだ！」と思いました。

「この選手にオレはなる。ならないといけない」

それからジルソン選手が憧れの選手になり、じゃあジルソン選手みたいになるにはどうしたらいいだろう？　と考えるようになりました。僕はまだ華奢《きゃしゃ》だし体も大きくなかったので、まずご飯をたくさん食べなきゃいけない、トレーニングもしなきゃいけない、ということで、見よう見まねでしたけど、一生懸命にやるようになりました。

それぐらい、当時ジルソン選手を見た時の衝撃は大きかったんですが、今の日本代表もバケモノ級なので、西田有志《にしだゆうじ》や石川祐希《いしかわゆうき》のスパイクを見た子供たちは、きっと「うわ！」が出ているだろうなと思いながら僕は見ています。

初めて訪れたバレー人生のピンチ

僕は子供の頃から、将来はスポーツ選手になりたいと思っていました。小学生の間にそれがバレーボール選手か、野球選手に絞られました。中学に入学した時、バレー部か野球部か迷いましたが、松本監督にスカウトされてバレー部を選んだ。その瞬間から、「オレはバレーボール選手になる」というのが将来の夢になりました。

2年生の秋に福井県の新人戦で優勝して自信をつけ、Vリーグの試合でジルソン選手の姿を見てますますバレー選手への憧れが強くなり、さらにやる気になっていました。ところがその矢先、思わぬピンチに見舞われました。中学2年の3月のことでした。

「あれ? なんか目がおかしいな」

左目の前に自分の手をかざして見た時に、手の甲は見えるのに、指の部分が暗くなってまったく見えなかったんです。「なんだこれ?」と思って、母に「手の甲は見えるけど指先が見えないんだよね」と言うと、眼科に連れていかれました。

そこで眼科の先生に、「網膜剥離《はくり》になっているからすぐに手術をしないと。次にボールが当たったら失明する可能性があるから、もうバレーはやめておいて」と言われました。

バレーの試合や練習でブロックに跳んだ時に相手のスパイクが何度も顔に当たるうちに、左目が網膜剥離になってしまっていたんです。

「まさか」でしたね。自分たちが最上級生になって、「次はオレらの番だ! 全国大会に出るぞ!」ってやる気満々だったのに、なんでそんなことになるんだ、と。

すぐに手術をして、3週間ほど入院しました。手術はめちゃくちゃ怖かったです。初めての手術でしたし、全身麻酔じゃなく局所麻酔だったので意識がありましたから。麻酔をしているから左目は見えていないんですけど、ドクターが「じゃあ今から始めます」と眼球を引っ張り出すと、目の奥がうずくのを感じるんです。

「あー痛いな、引っ張られてるな」って。

「メス」と言うのも聞こえて、「うわ! メスだ」と。

恐怖で全身汗だくになりながら耐えました。

手術が終わって麻酔が切れてからは痛みに悩まされました。目をつぶっていても、眼球ってちょっとずつ目の中で動くんですよね。何をしていてもずっとうずいて1日中痛かった。気を紛らわせるために、入院中はずっとMDウォークマンで浜崎《はまさき》あゆみさんや宇多田《うただ》ヒカルさんの曲を聴いていました。

手術後1ヶ月ぐらいはずっと眼帯をしていたんですけど、初めて自分で眼帯を外してパッと鏡を見た時、白目の部分が全部真っ赤になっていたので愕然《がくぜん》としました。

「うわ! なんなん? この目!」

しかも視力もガクンと落ちていた。それまでは2・0あったのに、0・04まで落ちてしまっていました。

「これもう無理やん。もうバレーボールできないんや」

ドクターからも、「手術はしたけど、網膜がはがれやすくなっていて、次にはがれたら失明するかもしれない。ボールが当たるのはよくないから、バレーボールはもうダメ」と止められていましたが、自分でもその真っ赤な目を見た時に、「やっぱり無理や」と諦《あきら》めの境地になりました。

「将来はバレーボール選手になる！」と意気込んでいたのに、もうバレーはできない。絶望して、どん底まで落ち込み、バレーボールを見ることさえ嫌になっていました。

それまではすごくよく見えていたのに、視力が落ちて見えにくくなったのもすごく怖かったし、目が真っ赤になっていたのも、「治るのかな？」と不安で仕方がなかった。思春期だったので、赤い目が恥ずかしくて、人に会いたくないという気持ちもありました。友達とも話さなかったし、学校にもあまり行きたくなくて、ずっと沈んでいました。

目を動かすリハビリもやらなきゃいけなかったんですけど、それもめちゃくちゃ痛くて、気が滅入《めい》っていきました。何をやる気力もなくなっていきましたね。

退院して学校に行き始めても、バレーボールはやらず、授業だけ受けて家に帰るという普通の学生生活をしばらく送っていました。

そんな時、松本監督がゴーグルを渡してくれたんです。ボールが直接目に当たらないように保護する競技用のゴーグルでした。

ドクターにも「こういうゴーグルがあって、これをすればボールが当たっても大丈夫なので、どうですか？」と提案してくれて、ドクターも「これをつけてプレーするなら」と許可してくれました。

そのゴーグルは、当時の福井工業大学附属福井高校（以下、福井高校）の堀豊《ほりゆたか》監督が見つけてきてくれたものでした。中学校にこういう選手がいて、網膜剝離になってプレーできなくなっているという話を聞き、探してくれたそうです。美山中学の松本監督は福井高出身で堀監督の教え子だったので、「いい選手なので、どうにかバレーボールを続けさせてあげたいんです」と相談してくれたようです。

もしも堀監督がゴーグルを見つけてくれていなかったら、僕はバレーをやめていました。僕が知らないところで周りのたくさんの人が動いてくれていたことに、その頃の僕は気づかなかったんですけど、今では本当に感謝しています。

「もう一度バレーボールができる！」とめちゃくちゃ嬉《うれ》しかったんですけど、最初は恐怖心もありました。ブロックに跳ぶのが怖くて仕方がなかったし、ボールが向かってくるだけで足がすくみました。

中学生用のバレーのネットの高さは2m30cmなので、当時188cmぐらいあった僕が思い切りジャンプすると顔まで出てしまっていた。相手はそんなに大きくないので、だいたいネットスレスレの高さにスパイクを打ってきて、それがガンガン顔に当たっていたんですけど、手術のあとは怖くてブロックに跳ぶことができませんでした。だからラリーになったら僕はブロックから外れて、スパイクだけ打っていました。

ゴーグルは高校2年生まで、約3年間ずっとつけてプレーしていました。でもゴーグルをしていると見づらいし、すぐに曇ってしまうので、しょっちゅう曇り止めを塗らなければいけませんでした。僕は汗っかきですし。

手術からかなり時間も経ったのでもう大丈夫だろうということで、高校2年生の時にゴーグルを外してプレーしたら、めちゃくちゃ見やすくて、やりやすかったです。

最初は怖かったですけど、徐々に慣れていきました。でもボールが当たると今でも「網膜は大丈夫かな？」と内心ドキドキして、すぐに眼科に行って検査をしてもらいます。

失明の危機を乗り越えゴーグル姿でバレーを続けた

もともと僕は網膜剥離になりやすい体質だったということもあるのかもしれません。網膜剥離には遺伝性のものもあるそうなので。もう亡くなってしまったんですが、僕の父も、若い頃にボクシングをやっていて網膜剥離になったそうです。ボクシングをやっていたからというのはあると思いますが、ボクサーでも網膜剥離になりにくい人はいますから。

父と母は僕が幼い頃に離婚したので父にはあまり会ったことはないんですけどね。僕が高校生の時に病気で寝たきりになってしまい、僕が29歳の時に亡くなりました。

父がボクサーだったこともあって、僕は体格に恵まれているのかもしれません。

ちょうど網膜剝離からのリハビリを行っていた頃、相撲部屋の人が僕の勧誘にやってきたことがありました。僕は相撲をまったくやったことがなかったので、「なんで僕？」と驚きましたが、体の大きい中学生をスカウトしているということで、福井県大野《おおの》市出身の湊川《みなとがわ》親方が学校まで来てくれて、「相撲に興味ないか？」と誘われました。

「僕にはバレーボールがあるので、バレーボールをします」と言ったんですけど、「ちょっと待ってくれ。一度国技館に来て、生で相撲を観てみないか」と熱心に誘ってくれました。ちょうど5月に修学旅行で東京に行くことになっていたので、その時に国技館で相撲を観ました。

初めて生で観たので、「すごいな！」と興奮しましたが、僕にはもうバレーボールしかなかったので、まったく気持ちは揺らがなかったですね。

でももしゴーグルがなくてバレーをやめてしまっていたら、相撲の道を選んだ可能性もあったかもしれません。

恩師に買ってもらった時計

美山中学では、僕は一度も全国大会に出場することはできませんでした。僕が1年生の時は全国大会に出たんですが、その時は12人のベンチ入りメンバーに入れなくて、観客席で応援していました。福井県では勝てても、そのあと北信越《ほくしんえつ》大会を勝ち抜かないと全国には行けなかったんです。中学3年の夏は、福井県で準優勝し、北信越大会に出場しましたが、そこで1回戦負けでした。

ただ、中学3年の12月に行われた全国都道府県対抗中学大会（ＪＯＣジュニアオリンピックカップ）には、福井県選抜の一員として出場し、将来活躍が期待される「オリンピック有望選手」に選ばれました。

福井県選抜はベスト16で敗退したので、最終日には試合がなかったんですけど、松本監督が「お前は残ってうまい選手のプレーをよく見ておけ」と言って僕だけ最終日まで残しました。僕は「負けたし、もう福井に帰りたい」と思っていたんですけど、決勝戦後の表彰式で「ＪＶAカップ」と「オリンピック有望選手」の表彰があるから、残してくれていたんだとあとになってわかりました。

会場だった大阪市中央体育館（現・Ａｓｕｅアリーナ大阪）からの帰り道、たまたま通りかかった時計屋さんの前で松本監督が急に立ち止まりました。

「清水、どれがいい?」

僕は驚きながらも「これがいいです」と選ぶと、監督がその腕時計を買ってプレゼントしてくれたんです。

「今回はオリンピック有望選手に選ばれたけど、お前はまだまだ上にのぼっていける。これをプレゼントするから、高い目標を持って、これからもっと頑張れ」

それがめちゃくちゃ嬉しくて、「満足せず、もっと頑張らなあかんな!」という強い思いが湧いてきました。

松本監督は、僕が網膜剝離になった時にどん底まで落ち込んで、でもそこから痛いリハビリや恐怖心を乗り越えてきた姿をずっと見てくれていたから、僕がオリンピック有望選手に選ばれたことをすごく喜んでくれていたんだと思います。

中学卒業後は、松本監督の母校でもある福井高校に進学しました。

福井高校の堀監督は、ゴーグルを探してくれて、僕にバレーボールを続けさせてくれた恩人なので、「福井高校に行くしかないな。恩返ししなきゃ」と思って(笑)。

第2章

運命のライバル

上達するためのライバル探し

第1章でも触れましたが、僕は中学校でバレー部を選んだ時から、バレーボール選手になることが将来の夢になりました。

その夢を叶《かな》えるために、僕は常に〝ライバル〟を見つけていました。ライバルがいることで燃えるタイプだったので。

小学生の頃はただ楽しくやっているだけだったんですけど、中学生になってからは、その都度〝ライバル〟を設定して、絶対に負けないという気持ちでやっていました。

最初は、チームメイトの中にもう1人左利きで、僕よりうまい子がいたので、「あいつには絶対に負けないでおこう」と。チームの中で一番になったと思ったら、次は県内の他の中学校に目を向けて、同世代にすごい選手がいたら、「こいつだけには負けねーぞ！」と。

今はスマートフォンで簡単に動画を撮って、いろいろな選手の映像を見ることができますが、当時はスマホはありません。練習試合に行ってすごい選手がいたらビデオカメラで撮影し、その映像を何度も巻き戻して見て、「この選手とオレは何が違うんやろう?」と研究していました。

中学2年の秋の新人戦で優勝した時に、県内では1番になれたかな、という思いはありました。次は、全国です。

今でもよく覚えている、中学時代に一番印象に残っているライバルは、山形県の選手でした。中学2年の時に、全国のチームが大阪に集まって合宿をしたことがあったんですが、そこで初めて、山形八中のその選手のプレーを見ました。僕と同い年の左利きのエースで、めちゃくちゃ活躍していた。結果的に、その年はそのチームが全国優勝しました。

その翌年、僕たちが3年生の時にも、集まって練習試合をする機会があり、山形八中も来ていました。

「うわ!　あのエースがいる!」

その年のチームは、前年の3年生が抜けたせいか、前の年に比べると弱くなっていました。でも、その僕のライバルは、1人で声を出してチームを引っ張っていたんです。1点決まるたびにめちゃくちゃ喜んで、吠《ほ》えて、「頑張るぞー!」とチームのみんなを鼓舞していました。

当時の僕とは対照的でした。僕は内気な性格だったこともあって、スパイクを決めてもあまり喜ばず、すかしていました（苦笑）。

でもそのライバルの姿を見て、「オレと同学年で同じ左利きで、全国で優勝している選手が、これだけ声を出して頑張っているのに、オレは何をやってるんやろ？」と触発され、そこからめちゃくちゃ声を出すようになりました。「とにかくこの選手には何でも負けたくない」というライバル心から、マネをするようになって、1点取ったら「ワーッ！」と全身で喜んだり、雄叫《おたけ》びをあげたり。それが、だんだん当たり前になって、自分のトレードマークのようになっていくんですけどね。

ただ、山形のその選手とはそれっきりで、高校以降、一度も会うことがありませんでした。どうしているんだろう？　と気になってはいたんですが……。

のちの話になりますが、僕が2017年に『グッと！スポーツ』（NHK）という番組に出演させていただいた際、その中学時代のライバルのことを探してくれたんです。

彼は三浦友善さんといって、今は山形市の青果市場で働いているということでした。今の僕のことは知ってくれていましたが、中学生の当時、練習試合をしたあの合宿の中に僕がいたことは知らなかったそうです。そりゃそうです。僕のほうがずっと追いかける立場だったので。彼のチームは全国優勝していて、一方、僕らは全国にも出ていないチーム。僕たちのほうが弱かったし、無名でしたから。

彼がいなかったら、たぶん今の僕の姿はなかったと思うので、感謝していますし、僕があそこにいたことをその番組で知ってもらえて嬉《うれ》しかったですね。

運命のライバル

その次に出会ったライバルが、福澤達哉《ふくざわたつや》でした。生涯のライバルであり、のちに戦友になるあいつです。

福澤のプレーを最初に見たのは（僕の記憶に残っている限りでは）、中学3年のJOCカップ。福澤は京都選抜で出場していました。その時はそれほど「すごいな」という印象はありませんでした。

でも高校1年になって、福澤のいる京都府の洛南《らくなん》高校と練習試合をした時に、衝撃を受けました。

「うわ！　めっちゃすごくなってる！」

危機感を覚えて、そこから意識するようになりました。

福澤は本来アウトサイドヒッターですが、高校1年の時は僕と同じオポジットをやっていたこともあり、「よく打つなー。なんだこいつ」と気になって仕方がありませんでした。

そこから2年、3年になるにつれ福澤はどんどんすごくなっていきました。

特にビックリしたのがフリースパイク（＊試合前などに行う、ブロックをつけずに打つスパイク練習）の威力でした。とにかくすごかった。福澤がコートに叩《たた》きつけたスパイクが跳ね返って天井にバーンと当たるぐらい。高校の小さい体育館とはいえ、衝撃でした。

「え？　いつの間にこんなバケモンになったん？」

そんなスパイクを打てたのは福澤1人。僕も張り合って、天井に当たるか当たらないかのところまでは行ったんですが、福澤には少し及びませんでした。

その時、火がつきました。

「こいつには絶対に負けたくない！」

でも、高校時代の公式戦では全部負けました（苦笑）。しかも毎回洛南と当たるんですよ。高2の春高バレーも、高3夏のインターハイも、私学大会も。決勝で当たるならまだ納得がいくんですけど、準々決勝とかで当たって、負けていました。

福井工大福井高校時代（左から２人目）は福澤（写真中央）に一度も勝てなかった

僕の一方的な「福澤には負けたくない！」「洛南には負けたくない！」という思いが強すぎて、引き寄せてしまっていたのかもしれません（笑）。

洛南は、高3夏のインターハイで優勝したほど強かったんですけど、それでも練習試合では五分五分でした。なのに公式戦になると勝てないんですよね。僕らの日頃の行いが悪かったんですかね（苦笑）。

当時、試合などで福澤に会う機会は結構ありましたが、話すことはあまりありませんでした。僕はとにかくライバル視していたので、しゃべりたくもなかった。試合中もヤジってばかりいました。プレーで負けているんだったら口で言うしかないって感じで、ケンカ口調で「次打ってこいよ！」「勝負しろよ！」と煽《あお》ったりして。そうしたらアウトにするんじゃないかと期待していました。どんな手を使っても勝ちたかったので。

でも福澤はそんなヤジは全然相手にしませんでした。あいつは頭もいいし大人なので。「うるせーやつがまたワーワー言ってるわ」ぐらいな感じで流していました。

僕はそれにまたいら立って、顔を真っ赤にしながらギャーギャー言って。はたから見たらほんとアホですよね（笑）。

一つになった最後の夏

高校最後の夏のインターハイでまた福澤のいる洛南と当たるとわかった時は、「ここはもう行かなあかん」と思って、丸刈りにして気合いを入れて臨みました。当時の学生の〝気合い〟と言ったら〝丸刈り〟。僕の頭に浮かんだのはそれしかなかったので、「これで挑んだる！」とかかって行ったんですけど、負けました。

「まじか！　神様いないなー」と思いましたね（苦笑）。

そのインターハイの洛南戦が行われた日は、8月11日で僕の誕生日だったんです。セットカウント１－１になり、最後の第３セットは21－19ぐらいで僕らが勝っていたんです。「やっとや！　最高の誕生日プレゼントや！」と思った瞬間から、逆転負け。勝ち急いだというか、甘さが出たんでしょうね。

試合終了の瞬間、僕はコートに大の字に寝そべって、「動きたくない！」と駄々をこねてみんなを困らせました。絶対に勝てると思ったので、負けたことが本当に信じられなくて、すぐには受け入れられなかったんです。

僕らの高校は、真面目にバレーボールをしていたんですけど、その中でもバレーに懸ける思いが強い選手もいれば、そこまで強くない選手もいました。でもその最後のインターハイの洛南戦だけは、全員が声をからして、ベンチに入っていない選手も必死で応援してくれて、本当に一つになっていたんです。それでも勝てなかった。

エースの僕のせいで負けたので、試合後、みんなに謝りました。特に３年間一緒に頑張ってくれた同級生には、「ごめんな。オレのせいで負けたわ」と涙ながらに謝って回ったんですが、今でもすごく印象に残っているのが、明瀬《あかせ》達哉《たつや》のことです。明瀬は、普段はあまり熱い気持ちを出さないというか、負けても、「次つぎ！　とりあえず遊びにいこうぜ」みたいな、ちょっとお調子者だったんですけど、その明瀬が、あの時は悔しがって、わんわん泣き出して。あいつが泣いているのを見て、「うわ、勝たせてあげたかったなー」という思いがまた湧き出てきて、僕も涙が止まりませんでした。

1時間ぐらいみんなでオイオイ泣いたあと、堀監督が、「お好み焼き食いにいってこい」と言って全員分のお好み焼き代を渡してくれました。その年のインターハイは広島だったので。みんなで「福井高校」と書いたジャージを着てお好み焼き屋さんに行って、泣きながら食べました。今となってはめちゃくちゃいい思い出ですね。今でもバレー部の同級生と飲みにいったらその話で盛り上がります。「もうあんなに泣けんよなー」って笑いながら飲んでいますね。

勝って伸びるより、負けて伸びる

当時の福井高校は、オポジットの僕がほとんど1人で打っているようなチームでした。セッターがトスを持ってきてくれなかったら、「オレに持ってこんって、どういうことやねん！」と怒っていましたから（笑）。

しかも、高い山なりのゆっくりしたトスしか上げないオープンバレーでした。

高校のチームメイトとの集合写真（前列左から３人目）

「速いトスなんか打つやつはカッコわりー」と思っていましたから。

ブロックが3枚つこうが関係なく、ブロックをぶち抜いて決めるのがカッコいいと思っていたので、そればかりやっていました。そりゃ勝てないですよ（笑）。

洛南は普通のちゃんとしたバレーをしていましたから。サイドはある程度速さのある平行トスで、クイックもパイプ攻撃（＊コート中央部分からのバックアタック）も使って全員が攻撃していました。そりゃ全国優勝しますよ。

ただ、インターハイのあの対戦については、福澤も「あれは負けるかと思った」と言っていましたけどね。

でもたぶん、あそこで勝っていたら、僕は伸びていなかった。

「お前はもっと頑張れよ」と、神様が言ってくれたんじゃないかと思います。

長年バレーボールをしてきて感じるのは、僕は勝って伸びるより、負けて伸びる人間なんじゃないかなということです。負けたり、怪我をしたり、挫折《ざせつ》を経験するたびに、成長したり、それが分岐点になっている。成功して何かを手に入れたとか、うまくなったという記憶ってあまりないんです。

成功したことはすぐに忘れちゃうんですけど、悔しい思いはずっと根に持ち続けて、それをエネルギーに変えて頑張るタイプだと思うんですよね。

高校時代は福澤に負け続けて、悔しい思いばかりでしたけど、だから頑張れた。

当時の僕は足が細かったし、体力もなかったので、トレーニングに力を入れました。

福井高校は一般生のクラスとスポーツクラスがあって、僕はスポーツクラスでした。一般生の子たちは午後4時頃まで授業があるんですが、僕たちは早く授業が終わるので、先に練習をしていました。一般生が来るまでの時間は、柔道部に交ざって一緒にトレーニングをしたり、後輩たちを引き連れて、学校の周りにある堤防を2周、約4キロの距離を毎日みんなで競走したりしながら走っていました。

堀監督がその堤防の道を「ゴリロード」と名付けてくれて、僕が卒業したあとも伝統として受け継がれ、監督が西田靖宏《にしだやすひろ》さんに代わった今でも後輩たちがその道を走ってくれています。

僕の〝ゴリ〟というニックネームをつけてくれたのも堀監督でした。

高校に入るまでは友達に「クニ」と呼ばれていたんですけど、僕が雄叫びをあげながらガッツポーズする姿を見て、堀監督が「お前はゴリだ！」と。

のちに監督はこう話していたそうです。

「この子は飼いならしてチンパンジーにしたらダメやと思いました。だから技術よりも、個性を大事にしました」

福井高校ＯＢの荻野正二《おぎのまさじ》さんが、僕が高校生だった時に練習を指導しにきてくれて、その時に堀監督が僕を「ゴリ」と呼んでいるのを聞いて覚えてくれていました。それで、のちに僕が日本代表に入って荻野さんと一緒にプレーすることになった時、荻野さんが「ゴリ」と呼んでくれたので、そのニックネームが広まったんです。

「ゴリ」は全然嫌じゃなかったですよ。むしろニックネームがあったほうが覚えてもらいやすいのでいいなと思っていました。

勝つまでは、一緒にやらない

高校卒業後、どの大学に進むかはかなり悩みました。最初は中央大学に行きたいなと思っていたんです。高校時代、長崎県の佐世保《させぼ》南高校ともよく練習試合をしていたんですが、そこのセッターだった重村健太《しげむらけんた》(ウルフドッグス名古屋マネージャー)と仲良くなって、「あいつのトス、高いし打ちたいな」と思っていました。その重村が中央大に行くと聞いたので、重村と一緒にやりたいから、自分も中央大に行きたいな、と。

でも高校3年の東西対抗戦で同世代の選手が集まり、僕と重村と福澤の3人で話していた時、福澤が「オレ中央大学行くわ」と言ったんです。それを聞いて重村は「じゃ3人でやろうよ」と言ってくれたんですが、僕は福澤の話を聞いた瞬間、「あ、じゃ中央大はねーな」と思いました。別に嫌いだったわけじゃなく、同じチームでやるより対戦したい、福澤を打ち負かしたい、負けたまま一緒にやりたくない、という思いが強かったんです。

お誘いをいただいていたのが、中央大学と東海大学と法政大学の三つで、僕は優柔不断なのでかなり悩んでいたんですが、福澤のおかげで1個削れました。同学年の中で福澤が一番決まるのが早かったんじゃないですかね。

じゃあどこに行こう？　と。他の同学年の選手と電話で「どうするん？」と連絡を取り合ったりして、最終的に、東海大にお世話になることを決めました。

「オレは変わらなきゃ」

高校時代は結局、一度も公式戦で福澤に勝つことはできませんでした。負け続けたことで、僕のライバル心はますます燃えさかっていました。

しかも、福澤は高校3年生の時に日本代表のBチームに呼ばれ、Vリーガーと一緒にパンパシフィック選手権に出場。大学1年の時には、ワールドリーグで日本代表のAチームにもデビューしました。先を行く福澤の背中がどんどん遠のいていくのを感じていました。

僕はと言えば、東海大で壁にぶつかっていました。

それまでは田舎で育って、ガキ大将みたいに「オレがエースだ！」という感じで、自分の思った通りに練習ができて、甘やかされていました。でも大学からはレベルの高い関東に行って、その中でも全国から猛者が集まってくる東海大に入り、偉大な先輩方がたくさんいる中に何もわからずに交ざって、ただただ圧倒されていました。

東海大の積山和明《つみやままさあき》監督（当時）は、僕を育てるために1年生の時から試合で使ってくれていました。でも僕のレベルではついていけなかった。関東の大学は速い攻撃をしていたので、僕も速いトスにチャレンジしていたんですが、なかなか打てるようにならず、スパイクミスばかりしていました。

それでも積山監督は我慢強く使ってくれるんですが、僕のせいでミスが出て、点数を離されて、途中で代えられる。毎試合その繰り返しでした。

「関東はレベルが高すぎるし、スパイク打てないし、打っても決まらないし、ミスばっかり。オレ、全然あかんやん」と、完全に自信を失っていました。

かたや福澤は、中央大で1年生からバリバリのスタメンで、結果も残していた。いきなり1年の春季リーグで新人賞と猛打賞を獲得し、異例の早さで日本代表にもデビュー。

「あいつには負けたくない。イケメンだし、頭もいいし、だからバレーでは絶対負けないっすよ」と、仲のいい先輩に強がって言ったりしていましたが、差は広がるばかりでした。

その年の12月に行われた大学の東西対抗戦にも、福澤は東軍の代表として選ばれました。東西対抗は、大学のスター選手が揃う、いわば大学生のオールスター戦。その華やかな舞台に、福澤は1年生で選ばれたんです。

東西対抗では1年生がサポートメンバーを務めることになっていたので、僕はボールレトリバーをしていました。

観客も大勢訪れる華やかな舞台で、東軍のユニフォームを着て堂々とコートに立つ福澤に、僕は膝《ひざ》をついてボールを渡す裏方。

「オレ、何やってんやろ？」と、情けなくてしょうがなかった。

高校からずっとライバル視しながらやってきて、高3のインターハイでも、勝つか負けるかわからないぐらいの勝負をしていたのに、1年経ったらこんなに差が広がったのかと、もう悔しくて悔しくて。帰りの電車の中で、涙が出てきて……顔を上げることができず、ずっとうつむいたまま帰ったのを覚えています。

「これだけ引き離されてしまった。オレは何かを変えなきゃいけない」

そう覚悟を決めました。敗北感が僕を突き動かしました。

全日本インカレの屈辱

福澤に差をつけられた敗北感の他にも「変わらなきゃ」と思った理由がありました。

東西対抗の前に行われた全日本インカレです。毎年12月に行われる全日本インカレは、大学生が最大の目標にしている大会であり、その代のチームで戦う最後の大会。つまり4年生にとっては大学最後の大会でした。

僕が1年だったその年の全日本インカレで、東海大は決勝に勝ち上がり、優勝まであと1勝に迫りました。

決勝の相手は、最大のライバルだった筑波大学。その決勝戦で、僕はやらかしてしまったんです。

僕は先発出場し、最初の2本のスパイクは決まったんですが、その後は打っても打っても決まらない。第1セットの中盤に交代しました。第2セットのスタートで再びコートに入ったんですが、打ってもミスしたり、シャットアウトされて、1本も決まらない。それでもコートに立ち続けて、そのセットも奪われました。

「もう代えてくれ」

そう思ったのはあの時が生まれて初めてでした。「こんな大事な試合を台無しにしてしまった」という思いでした。

第3セットからは交代しましたが、結局東海大はセットカウント1－3で敗れました。

試合後、泣き崩れる先輩たちの姿を見て、「ああ、4年生にとっては本当にこれが最後だったのに。オレ、何やってんだよ……」と、申し訳なさでいっぱいでした。

「こんなんじゃダメだ」と思い知らされました。

その1週間後に行われた東西対抗で、福澤との立ち位置の差を思い知らされ、「変わらなきゃ」と覚悟を決めました。

これから本当に死ぬほど努力しようと決意して、寮の部屋にあった小さなホワイトボードに、マジックペンでこう書きました。

「家族のため　チームのため　先輩たちのため」

「自分のため」だったら、三日坊主で逃げ出してしまいそうだったので、そう書きました。

ただ、「変わらなきゃ」と思ったものの、何をすればいいのかわかりませんでした。当時3年生（新4年生）のマネージャーだった長谷川朋彦《はせがわともひこ》さんに相談して、「僕はこのままじゃダメだと思うので、僕を変える何かを、一緒に見つけてください」とお願いしました。

それから僕は自分を追い込むメニューを考え、長谷川さんはずっと練習に付き合ってくれました。

まず僕が自分に課したのが、毎日の練習の中のAB戦で、スパイク決定率55％以上、ミス率20％以下という数字を残すことでした。それをクリアできなければ、ワンマンレシーブ（＊ボールを前後左右に投げ、1人の選手がそのボールに食らいついて拾う練習）をするというペナルティも科しました。

それに加えて、毎日残ってスパイク練習もしました。速いトスを打てるようにしたかったので。全体練習を4時間ほどやった後、2時間近く個人練習をしていましたね。ストレート、クロス、インナーの3方向に何百本と打ち込んで、ブロックをつけてブロックアウトを奪う練習もしました。

それまでの僕はクロス打ちにこだわっていました。クロスのコースには相手の高いミドルブロッカーが来るんですが、それをわかっていて、あえてそこを抜く。決まるか、止められるかのスリルを味わっていました。でも、大学のレベルになると、クロス一辺倒ではとても勝負できないとわかったので、打てるコースの幅を広げようと考えました。なおかつ、後ろから上がってくるトスなど、難しいトスばかり上げてもらって練習していましたね。腹筋が肉離れを起こすこともあったんですけど、それでも打ち続けました。

体育館での練習を終えて、寮に帰るのはいつも夜10時頃。それから晩御飯を食べて、10時半からはランニングです。大学の寮から一駅先の鶴巻《つるまき》温泉駅まではかなりの坂道になっていて、往復すると4キロくらいあるんですが、そこを毎日走っていました。

「とにかく、福澤を抜くまではこれを続けよう」と。

今考えるとムチャな練習ですよね。でも当時はこういう練習しか思いつかなかったんですよ。今なら、スマホがあって、もっと効率のいい練習方法をいくらでも見つけられると思いますが、当時はそんな便利な検索方法はありませんでしたから。

だから、「とにかく何かをやり続けよう」と、そのワンマンレシーブ、スパイク練習、夜中の走り込みの三つは、福澤を抜くまでは頑張り続けようと、休みの日も関係なくやっていました。

僕がＡＢ戦のスパイクのノルマをクリアできず、ワンマンレシーブをやってヘトヘトになっていると、長谷川さんも、ワンマンレシーブを受け始めました。「お前と一緒に決めたことだから。お前に頑張ってほしいから、オレもワンマンやるわ！」と。

本当に熱い先輩で、ランニングも一緒に走ってくれて、しかも僕よりも速かった。僕がつらくて「もういいかな」と、手を抜きそうになった時は、「お前、あの時の悔しさ忘れたのか？」と怒ってくれて、またやる気を取り戻させてくれました。長谷川さんが僕を変えてくれたと言っても過言ではありません。

長谷川さんと同じ新4年生のリベロに辻裕作《つじゆうさく》さんという先輩がいて、辻さんは毎朝6時頃に体育館に来て、ずっとサーブレシーブの練習をしていました。辻さんはレギュラーではなくて、試合にはほとんど出られなかったんですけど、それでも腐らず、ずっと朝練を続けていた。そういう姿を見て、「やっぱり続けなきゃいけないんだな。並大抵の努力じゃダメなんだな」と感化されたところもありました。

当時の新4年生には主将の金子隆行《かねこたかゆき》さん（NECレッドロケッツ監督）や富松崇彰《とみまつたかあき》さん（東レアローズマネージャー）たちがいて、打倒・筑波大を掲げ、それまでの練習メニューを一掃し、猛烈なメニューを組んでいました。

大学２年の東西対抗には福澤とともに選ばれた（後列左から２、３人目）

金子さんたちは東海大陸上部の先生にトレーニング方法を聞き、毎日４００ｍ×４本とか、３００ｍ×８本とか走り込んで足腰を鍛え、ジャンプ力の強化にもつなげようとしていました。

当時の練習はめちゃくちゃキツかったです。富松さんたちも、走った後にトイレに駆け込んで吐いたりしていましたから。それでも誰も文句を言わず、誰もサボることなく、みんなが、優勝するために必死で何かを変えようとしていました。

練習の空気も変わりましたね。とにかく最後までボールを追って走る。追わずに落とそうものなら選手同士で怒鳴りつけるような、鬼気迫る雰囲気がありました。

そういう姿を見て、本当にすごいし、いい4年生の集団だなと感じました。主力の選手だけでなく、長谷川さんや辻さんのように、出番はなくても、チームのために何ができるのかを自分で考えて、やり続ける人がいる。僕らも上の学年になった時には、楽をするんじゃなくて、常に努力し続けなきゃいけないなと肝に銘じました。

そして、屈辱の全日本インカレから1年後。大学2年の12月に行われた全日本インカレで、僕ら東海大は、決勝で前年と同じく筑波大と対戦し、今度は勝って、目標としていた〝全日本インカレ優勝〟を達成することができました。

純粋に、「今までやってきたことは間違いじゃなかったんだ」と思いましたし、今度は最後に4年生を勝たせることができて、一緒に喜びあえたことがものすごく嬉しかったです。僕はそれまでずっと悔し涙を流してきましたが、あの時、生まれて初めて嬉し泣きをしました。

僕が初めて味わった〝日本一〟でした。

第3章

21歳で挑んだ北京五輪

日本代表デビュー

大学2年の全日本インカレを、当時の日本代表監督だった植田辰哉《うえたたつや》さんが見てくれていて、翌年の2007年、僕は大学3年で日本代表にデビューすることができました。突然のデビュー戦でした。その年、僕は日本代表の登録メンバーに入っていたのですが、代表合宿には呼ばれていませんでした。でもワールドリーグの大会中、オポジットの選手に怪我が相次いだこともあり、急遽《きゅうきょ》招集がかかったんです。

大学での練習後、東海大の積山和明監督に、「明日からちょっと代表に行ってくれ」と言われて。

「いきなり明日⁉」と驚きましたけど、「待ってました！」という感じでした。日本代表はずっと夢見ていた場所でしたから。「代表に行って目立ちたい！　テレビに映って活躍したい」とか、純粋に「世界と戦って勝ちたい」という思いがありました。

ワールドリーグは、現在毎年5～7月に行われているネーションズリーグの前身の大会です。ネーションズリーグは16チームが参加し、予選ラウンドで12試合を戦って、上位8

チームがファイナルラウンドに進みますが、当時のワールドリーグは4チームが1グループになって予選ラウンドを行う方式でした。

僕のデビュー戦は、2007年6月30日に東京体育館で行われたフランス戦。その前日の夜に日本代表に合流したばかりでした。何の準備もしていなかったので、とりあえず東海大のジャージを着て行って、翌日の試合の日の朝、セッターの朝長孝介《ともながこうすけ》さん、島野俊一《しまのしゅんいち》さんと少しコンビネーションを合わせて、午後からの試合に臨みました。

試合は2連戦で、初日の6月30日は試合途中から出場。フルセットの末に敗れました。翌7月1日も同じくフランスとの試合で、僕は初めてスタメンで起用されました。日本は第1セットを取られましたが、第2セットから3セットを連取して逆転勝利。僕は越川優《こしかわゆう》さんに次ぐチーム2番目の17得点を挙げることができました。

何もわからず無我夢中の状態でしたけど、初スタメンの試合を勝利で終えることができてホッとしました。その時、フランス代表の監督を務めていたのが、現在日本代表の指揮を執っているフィリップ・ブラン監督でした。今考えると不思議な縁ですね。

その翌週のイタリアとのアウェー戦にも出場し、そこでも強豪のイタリアを相手に勝利を挙げることができ、ワールドリーグ後も代表合宿に呼ばれるようになりました。

その年11月のワールドカップに向けた代表合宿には、福澤も呼ばれていて、その合宿で仲良くなりましたね。大学生で参加していたのは僕と福澤だけだったので、洗濯や練習の準備など若手の仕事はずっと2人でやっていましたから。全員分の洗濯物を持ってコインランドリーに行って、洗い終わるのを待っている間など、2人きりで話す時間がたっぷりありました。

結局、その年のワールドカップには、僕だけがメンバー入りして、福澤は最後の最後に落選しました。

あの時、福澤は相当悔しかったようです。「あのワールドカップは一切見てない。悔しすぎて、一切見られなかった」と言っていましたから。

それまではずっと僕の前を福澤が先行して走っていましたが、あの時やっと、初めて、追いつけたかなと感じました。

ワールドカップのメンバーに選ばれた時はめちゃくちゃ嬉《うれ》しかったですね。ワールドリーグとはまた違った大舞台だとわかっていましたから。

嬉しすぎて、すぐに母に電話して、「ワールドカップ、見といてや！」と伝えました。

師匠・荻野さんと『蕾』を熱唱

その時の日本代表メンバーは、年の離れた人も多かったですが、みんな優しく接してくれたので、萎縮《いしゅく》するようなことはあまりありませんでした。

特に、当時37歳で主将を務めていた荻野正二さんとは合宿で同部屋になることが多く、すごくよくしてもらいました。僕と荻野さんは年の差16歳。でも荻野さんは福井高の先輩で、僕が高校生だった時に指導に来てくれたこともあったので、僕と一緒に代表でプレーできることをすごく喜んでくれて、「ゴリ、ゴリ」とかわいがってくれました。

同部屋だった時も、「好きにしてやー」という感じだったので、全然緊張することなくリラックスできていました。当時はコブクロさんの『蕾《つぼみ》』に２人ともハマっていたので、よく部屋で曲を爆音で流しながら熱唱していました。

試合前にも、「よし、テンション上げてくぞ！『蕾』流して！」と言われて僕が曲をかけ、２人で歌いながら、「試合行くぞ！」と気持ちを作っていきました（笑）。

高校時代に指導してもらっていたので、荻野さんは僕にとっては選手や先輩というより

〝先生〟でした。〝大先生〟です。スパイクの打ち方とか、全部教えてもらいましたから。

前述しましたが、高校生の頃の僕はクロス一本で勝負していました。自分の中で、「ストレートは逃げだ」という考えがあって、クロスに打ってドドーンと決めるのが一番カッコいいと思っていましたから（苦笑）。

得点を決めるかどうかより、どれだけカッコいいスパイクを打てるか、みたいなところにこだわっていたので、いくらブロックが来ようが、そのインナーを抜いて決めるのが一番カッコいいし気持ちがいい、ストレートに打って決めたところで面白くない、という感じでしたね。

その高校時代、荻野さんには、「お前、それじゃあここから上には絶対に行けないぞ。クロス一本で決められるほど甘い世界じゃない。世界では通用しないぞ」と言われました。でもその時はあまりピンとこなくて、それでもクロスばかり打っていたんですけど、試合形式の練習で、荻野さんが相手コートにまざった時、荻野さんにクロスのスパイクをブロックで止められたんです。

「うわ！」と思ったんですけど、「次は決めてやる」と、またクロスに打った。するとまた見事にシャットアウトされました。

「荻野さんクラスになったら、ブロックが1枚でもクロスのコースを抜かせてくれないんだな」と、そこでやっと気づきました。カッコよさを求めるんじゃなくて、やっぱり決めることが大事。ストレートにも打たなきゃいけないし、ブロックをもっとちゃんと見なきゃいけないなと、身をもって教えてくれました。それからは、何が何でもクロスのコースに抜くんだという考えが少しずつ消えていって、もっと幅広く柔軟にスパイクを打たないと、上の舞台では、全国では、世界では、通用しないなと理解しました。

まあそれでも大学で壁に当たるまでは、クロスに打ち続けていたんですけどね（苦笑）。

そんなふうに荻野さんは僕にとって〝先生〟だったので、僕が大学3年で代表に行った時、同じ環境で一緒に練習している、一緒に試合に出ているというのはすごく不思議な感覚でした。でも自然と通じるものがあって、荻野さんが上げてくれたトスは、ほとんど決めていました。

荻野さんは、「オレがトスを上げるチャンスがあったら、全部お前に上げるからな」と、試合でも練習でもずっと言ってくれていたので、荻野さんがボールを触る瞬間、「オレに絶対上がってくる！」とわかっていたし、荻野さんのトスはめちゃくちゃキレイで打ちやすかったので、決められたんでしょうね。荻野さんは高校時代から僕のことを知っていて、ちょっと短めの高いトスが好きだとか、僕の特徴を知り尽くしてくれていたから、打ちやすいトスを上げてもらえたのかなと思います。

僕が決めると荻野さんはいつも嬉しそうに、「オレらは最高のコンビやな！」と言ってくれました。

限界突破の厳しいトレーニング

日本代表の他の先輩たちも優しかったんですが、ただ、練習はほんっとうにキツかった。先ほど触れたように大学でもかなりハードな練習をしていたんですけど、当時の日本代表の練習はその比ではありませんでした。

高さとパワーのある海外の強豪に比べて、身長や体格で劣る日本は、とにかくトレーニングで強い体やジャンプ力、瞬発力を身につけなければいけないということで、当時の大《おお》石博暁《いしひろあき》トレーナーのもと、自体重トレーニングからウエイトトレーニングまで、限界ギリギリのメニューで常に〝オールアウト〟を目指してやっていました。

ボール練習もとにかくキツかった。例えば、サーブを何本中何本ミスなく入れなきゃいけない（もちろん強く打って）とか、サーブレシーブを何本中何本返さなきゃいけないとか、6対6のゲーム形式の練習もそうですが、目標が設定されていて、それをクリアするまで何時間も終わらない。

もともと練習中は張り詰めた空気でしたが、目標をクリアできず長引くにつれて、声もなくなり、シーンとした中で黙々とボールを打つ、という感じでしたね。1日が終わると本当にヘトヘトでした。

しかも代表はシビアな世界。ふるいにかけられる中、生き残らなきゃいけない。いつ落とされるかわからないというプレッシャーが常にありましたし、一番下っ端でしたから精神的にキツい部分もあり、正直、合宿に行くのがつらかった時期もありました。

「また行かなあかんのか。キツいな」と。それでも「生き残りたい」という思いのほうが強かったので、なんとかやっていけていました。

合宿中のオフの日も、遊びに行くことなく、福澤と2人で近くの銭湯に行って、「明日からまた練習やなー。頑張ろなー」と、慰め合い、励まし合っていましたね。

オフの日の朝はめちゃくちゃテンションが高いんですけど、夜になるにつれ、「明日からまた練習か」という現実がよぎって、テンションがどんどん下がっていくんです。

たぶん今の子たちってそういう感覚はないんじゃないかと思います。今の日本代表は、「世界と戦ってやろう」とワクワクしながら練習に臨んでいるような雰囲気があります。

練習やトレーニングに対する考え方や風潮も今は変わっています。以前は、どれだけ心拍数を上げて、どれだけジャンプして、どれだけキツい練習をするかが重視されていた。「これだけの練習をしたんだから、勝てるはずだ」という時代でした。

でも今は、量より質。コンディショニングを優先し、ジャンプ回数に制限をかけるなどして、限界まで疲れさせるというよりも、短い時間の中でいかに効率的にいい練習ができるかが重視されます。

時代の流れなんでしょうね。めちゃくちゃキツかったですけど、当時を経験したからこそ、僕はこうやって今まで生き残れているのかなとも思います。

当時はまだ若かったから耐えられた部分もあります。僕が年齢を重ねるにつれて、特に30歳を超えたあたりからは、「荻野さん、よくあんな練習を、若い選手と一緒にやってたな」と、その偉大さを改めて感じました。僕なら30代であんな練習、絶対にできないですもん。

僕が日本代表にデビューした当時、日本の男子バレーは1992年のバルセロナ五輪を最後に、3大会、五輪に出場することができていませんでした。2008年の北京《ペキン》五輪での4大会ぶりの出場を目指していた当時の代表メンバーの中で、五輪出場経験があったのは、主将の荻野さんただ1人。日本を再び五輪のコートに立たせるという使命を背負って主将を引き受け、体に鞭《むち》打って若手と同じメニューを黙々とこなし、背中で引っ張っていた荻野さんは、改めて偉大な先輩です。

忘れられない2人きりの合宿

2007年ワールドカップでメンバー入りを果たすことができ、大会の前半は僕がオポジットのスタメンで起用されましたが、後半は山本隆弘《やまもとたかひろ》さんが先発する試合が多くなりました。

世界の壁は厚く、日本は3勝8敗、12チーム中9位という成績で大会を終えました。

その翌年の2008年2月、日本代表の植田監督のもと、僕と福澤は2人だけの合宿に招集されました。

2008年5月末からは、4大会ぶりの五輪出場がかかる北京五輪予選が予定されており、8月は北京五輪本番。そこに向け、Vリーグが行われている冬場に、試合のない大学生を少しでも鍛えておきたいと考えたのだと思います。

あれは本当に、死ぬほどキツかったです（苦笑）。もう合宿開始1日目で、歩けないほどの全身筋肉痛になりました。「これ、1週間いけるか？」と福澤と話したのを覚えています。合宿は3週間もあったんですけどね。選手は僕ら2人だけで、見守っている監督やコーチ、トレーナーなどスタッフ陣のほうが人数が多かったので、一瞬たりとも気が抜けませんでした。誰かがやっているのを待つという時間もないので、常に見られて、常に動き続けて、常にオールアウト。あれは本当にキツかった（苦笑）。

しかも福澤は「腰が痛い」なんてうまいこと言って（本当に痛めていたんですけど）スパイクは打たなかったので、ピンピンしている僕1人で、1時間半ぐらいスパイクを打ち続けたこともありました。

でも充実はしていました。あれだけ徹底して体を鍛え抜いたことはなかったし、スタッフとともに自分の長所、短所をじっくり見つめ直す時間にもなったので。

そしてあの過酷な合宿を2人きりで乗り越えたことで、福澤との絆《きずな》がより強くなったたんじゃないかと思います。

北京五輪世界最終予選

２００８年５～６月に日本で開催された北京五輪世界最終予選兼アジア予選（ＯＱＴ）では、僕と福澤は２人揃ってメンバー入りすることができました。

ただ、僕らの出場機会は多くはありませんでした。オポジットでは、４年前のアテネ五輪予選も経験していた山本さんがスタメンで起用され、頼もしい活躍を見せていました。ベンチから見ていても、他の大会とはまったく違う大会だということがビシビシと伝わってきました。ＯＱＴはオリンピックの切符をつかめる最後のチャンス。日本だけでなく当然他国も必死ですし、のしかかるプレッシャーは想像を絶するものがあります。

１試合終わるごとに、先輩たちはフラフラで、今にも倒れそうな表情でした。それぐらい重圧がかかり続ける舞台。僕はほとんどコートに立っていなかったんですけど、「すごい世界やな」と身がすくむような感覚でした。

その中でも、第３戦の韓国戦で途中出場し、スパイクを決めることができました。その試合は3－1で勝利。試合後、植田監督に「あそこでお前が決めてくれて、ほんまに助かった！」と言われて、めちゃくちゃ嬉しかった。少しでも勝利に貢献できたという気持ちになれたので。

日本は初戦で強豪イタリアから第2、3セットを奪い、第4セットも24－17と大差をつけてマッチポイントを握りましたが、そこからまさかの7連続失点を喫して追いつかれ、フルセットの末に敗れました。

ショッキングなスタートでしたが、あのチームはタフでした。そこからイラン、韓国、タイ、オーストラリアに4連勝し、北京五輪切符獲得に王手をかけたのです。

でも、勝った試合の後も、誰にも笑顔はありませんでした。大会が終わるまでは、五輪の切符をつかむまでは、笑えない。大会中はみんな常にプレッシャーを感じながら過ごしていました。日本は3大会五輪出場を逃していて、「今回こそは何としても」という思いがありましたし、4年前のアテネ五輪予選を経験していた選手も多く、その人たちはそこで五輪出場を逃して叩《たた》かれた経験もしていましたから。

オーストラリアに勝利してホテルで遅い晩御飯を食べている時、ミドルブロッカーの山《やま》村宏太《むらこうた》さん（サントリーサンバーズ監督）が、「あと1勝！」と自分を奮い立たせるように叫びました。でも周りは反応しない。みんなもう疲れ切っていて、精神的にもギリギリの状態だったので、山村さんの檄《げき》に乗っかる余裕もなかったんだと思います。OQTという大会の過酷さを物語るあの光景は、なぜかすごく記憶に残っていますね。

そして翌日、6月7日のアルゼンチン戦で、日本はフルセットの激戦に競り勝ち、16年ぶりとなる五輪切符をつかみ取りました。

第5セットの最後、相手ブロックを弾き飛ばし、スパイクを決めたのは、38歳のキャプテン・荻野さんでした。

選手もスタッフもみんな泣いていて、僕も自然と涙があふれてきました。

荻野さんと抱き合った時に、「お前と一緒に北京行けるぞー!」と言ってくれて、その瞬間、涙腺が崩壊しましたね。

重圧や責任、過去の悔しさ、さまざまなものから解放された先輩たちは心から笑っていました。

初めてのOQTはものすごい経験でした。喜びと感動を味わいました。ただ、出場機会がわずかだった僕と福澤は、悔しさも大きかったんです。

大会が終わった夜、僕と福澤は、なんとも言えない不完全燃焼感にじっとしていられなくて、東京タワーを見に行きました。チームは東京プリンスホテルに宿泊していて、近かったので。当時はまだ東京スカイツリーがなかったので、東京タワーが一番高い塔でしたからね。夜だったので上ることはできなかったんですけど、下からタワーを見上げて、鬱《うっ》憤《ぷん》を晴らすかのように叫びました。

「なんで出られへんねん！」

「もっと出せー！」

「次はオレらの番やからなー！」

「オレらやったんぞ！」

「次はオレらが連れていく！」

「行くぞー！」

そこがある意味、僕ら2人のスタート地点でしたね。

初めてのオリンピック

ＯＱＴと北京五輪の間にはワールドリーグがあり、日本は予選ラウンドで敗退したのですが、ワイルドカードでファイナルラウンドに出場できることになりました。ただ、ファイナルラウンドは北京五輪開幕の直前で、しかもブラジル開催。日本チームは、移動や時差の負担を考慮し、北京五輪に臨む主力を派遣しないことを決めましたが、僕と福澤の若手２人だけは出場し、日本は他の７人を合わせたわずか９人でファイナルラウンドを戦いました。

そのファイナルラウンド初戦で、日本はロシアに力の差を見せつけられセットカウント０－３で敗退。ただ、そこで世界トップレベルを肌で感じられたことや、優勝を争う他チームの本気の戦いを生で見られたことは大きな財産になりました。

特に準決勝のブラジル対アメリカ戦。世界の最強メンバー同士がものすごくレベルの高い試合を繰り広げていました。

それを見て、「世界を目指さなあかんな」と痛感しました。

それまでは「世界で戦いたい」というのは二の次で、「代表に残りたい」という気持ちのほうが強くて、目標は12人のメンバーに選ばれることでした。

でもそのワールドリーグのファイナルラウンドを経験してからは、「もっと世界で上に行きたい」という欲が出たし、「世界でどうやって勝つか」を考えるようになりました。

その後、僕と福澤は地球の裏側から北京に合流し、五輪に臨みました。一番印象に残っているのは開会式です。それまでテレビで見ていた舞台に自分がいるというのが不思議な感覚でした。バレーだけでなく、いろいろな競技の有名な選手たちがいて、本当にすごい舞台に来たんだなと興奮しました。でもなんというか、初めてのことが多すぎて、〝お客さん〟みたいな感じでしたね。

試合は、予選ラウンド5試合、全部負けました。日本は、五輪出場を決められたことで満足していた部分があったと思います。悔しかったですけど、それが日本の現状なんだなと。やはり3大会も五輪から遠ざかっていて、それでいきなりメダルを獲るなんて、そんな簡単な、甘い世界じゃない。その時に改めて世界の分厚い壁を感じました。

海外の強豪は、オリンピックで結果を出せば世界が変わる、人生が変わると目の色を変えて、メダルを自国に持って帰るために戦っていた。そういう気迫に日本は圧《お》されてしまっていたように感じました。初戦から一つも自分たちのバレーができないまま、初めてのオリンピックは幕を閉じました。

OQTではチーム一丸となって戦えていましたが、北京五輪ではどこか違っていた。仕方のないことだと思うんですけどね。ずっと、五輪に〝出る〟ことを目標にやっていて、

僕と福澤は大学生で北京五輪代表に選ばれた（後列左から3、4人目）

五輪でメダルを獲ることを目標にしてはやっていなかったので。

直前のワールドリーグ・ファイナルラウンドで世界最高峰の戦いを見て、「これが世界だ」「これを目指さなきゃいけないんだ」と気持ちを新たにしていた分、歯がゆさも、悔しさもありましたけど、自分が試合に出ても、何かを変える力もなかった。

福澤とは、「とにかく自分たちは声を出して盛り上げよう」という話はしていましたけど、実際自分もコートに立つと緊張してガチガチになっていました。

初めて経験したオリンピックは、あまりに大きく、自分の力不足を痛感した舞台でした。

ライバルから、戦友へ

北京五輪に出場した時、僕と福澤は大学4年でした。そして大学卒業後は、ともにVリーグのパナソニックパンサーズに入団しました。

大学を選ぶ時には、「一緒にプレーするよりも倒したい」という思いで、あえて福澤と違う大学を選びましたが、この時にはもうそういう感情はなくなっていました。

当時、いくつかのVリーグチームからオファーをいただきましたが、オポジットには外国人選手を置いているチームが多く、日本人選手を起用しているチームは限られていて、その一つがパナソニックでした。パナソニックにはセッターの宇佐美《うさみ》大輔《だいすけ》さんやオポジットの山本さんなど代表選手も多くいてレベルの高いチームだったので、パナソニックを選びました。

福澤もパナソニックに行くことになっていました。決して合わせたわけではないですが、結果的に同じチームに入ることに。

「今まではライバルだったけど、ここからは味方として一緒にやっていこう」と。

もしも福澤が同じ学年じゃなかったら、こんなにも自分に影響を与えることはなかったと思います。もし福澤が1学年でも上だったら、たとえ負けても、「年上だから」と言い訳ができる。でも同学年だったから、逃げ場がなかったし、頑張れた。そして21歳で五輪にたどり着くことができました。同い年だからこそ、人一倍ライバル視したし、逆に一緒になって支え合って戦うこともできたんです。

日本代表でもパナソニックでもチームメイトになりましたが、そこでライバル関係が終わったわけではありません。むしろ毎日が刺激的でした。

あいつのことをすごいと思ったら負けだと勝手に思っていたんですが、やっぱりすごいスパイクやサーブを見てしまうとつい「うわ！　すげーな！」と思ってしまう。

でもそのあとすぐに、「いや、オレもそんぐらいできるやろ。自分ももっとできるぞ」と言い聞かせたり、「あいつは高いところから打てるけど、オレは広いコースを抜けるし」と張り合ったり。すごいプレーを見せられるたびに、「なにくそ、オレもやってやる」と火がつきました。

福澤のジャンプ力はうらやましかったですし、パワーも、僕よりあるんじゃないかと思っていたぐらい。練習でマッチアップした時に僕のブロックを思い切り弾き飛ばされて、

「めっちゃパワーあるなこいつ。オレよりあるんちゃうか」と思いましたもん。本人には絶対に言わなかったですけどね（笑）。

とにかく、チームメイトになっても、毎日そばで刺激を与えてくれる存在でした。

それに加えて、コート外ではかなり助けられました。僕は口下手で人見知りなんですが、福澤はまったく人見知りをすることなく、社交的。あいつが僕をいじってくれたり、突っ込んでくれたりすることで、僕が周囲にうまく溶け込めるようになっていたので、福澤に生かされている部分はかなりあったと思います。最初の頃は福澤がいないとちょっと不安になったりしていましたからね。

あいつはずっとしゃべっているし、常にアンテナを張っていて、いろんな人に突っ込んだりしていました。福澤がボーッとしているところを見たことがないです。

性格はまったく違うんですが、だからこそ釣り合っていたのかもしれません。一緒にいて、居心地がいいというか。

福澤が結婚した時は寂しかったですもん。

「もっと一緒にヤンチャしたかったな」って（笑）。

第４章

世界の高い壁

1年目にVリーグ優勝・MVP

僕が入った頃のパナソニックパンサーズは、日本代表選手が多く所属していて、普段から高いレベルで練習ができていました。その頃はまだプロ選手は多くはなかったですが、全員の意識が高く、〝プロ集団〟という雰囲気でした。勝利に対して貪欲《どんよく》で、練習中も年齢の上下関係なく、納得がいかなかったらボールを止めて言い合いになるぐらい。ピリピリ感はありましたが、なあなあにならないのでやっていてすごく楽しかったです。だからこそ、他のチームには負ける気がしませんでした。

僕は入団1年目だった2009‐10シーズンのVリーグからスタメンとして出場することができ、その年、パナソニックは優勝を果たし、僕は最高殊勲選手賞（MVP）とスパイク賞（アタック決定率55・1％）、ベスト6賞を獲得することができました。

あの頃は怖いもの知らずで、セッターの宇佐美大輔さんもいいトスを上げてくれていたので、面白いようにスパイクが決まりました。

ただ、それは日本国内でのこと。慣れない高さを持つ外国チームが相手になると、思うようにはいきませんでした。パナソニックはその後も四度リーグ優勝を果たしますが、国内リーグでの好成績とは裏腹に、国際舞台では苦しい戦いが続くことになりました。

勝てない日々

大学４年で出場した北京五輪は、「先輩たちに連れていってもらった」五輪でした。しかもその舞台では１勝もできないまま終わってしまった。だから今度は、自分と福澤が中心となって五輪の切符をつかみ取り、そして五輪の舞台で勝てるチームを目指す。４年後のロンドン五輪に向けて、そんな決意を胸にスタートしました。

でも、自分が主力となって戦うようになって改めて、世界の舞台で勝つことがいかに難しいかを思い知らされました。

北京五輪翌年の２００９年は、秋に行われたワールドグランドチャンピオンズカップで銅メダルを獲得することができました。この大会は、各大陸代表と開催国・日本の計６ヶ国が参加する大会で、日本は初戦でヨーロッパ代表のポーランドにフルセットの末に勝利して勢いに乗り、エジプト、イランにも勝って３連勝。ブラジル、キューバには敗れましたが、3位で表彰台に上がることができました。

僕と福澤が左右のエースとして機能し、僕がベストスコアラー賞（得点王）、福澤がベストスパイカー賞（決定率1位）を獲得することができました。「オレら、行けるんちゃうか?」と、ロンドン五輪に向けて好スタートを切ったように思えました。

しかしその後は、勝てない日々が続きました。2010年にイタリアで開催された世界選手権では、1次ラウンドを1勝2敗でかろうじて通過したものの、2次ラウンドでフランス、アルゼンチンに敗れ、トータル1勝4敗で13位に終わりました。

日本はサーブで崩されて、二段トスからのスパイクをブロックされる、という展開が多かった。当時はブロックに当ててリバウンドを取り、攻撃を立て直す今の日本代表のような戦い方はしていませんでした。世界のバレーは高さやパワーだけでなく、どんどん組織的に、緻密《ちみつ》になっていました。データを分析し、サーブで狙うべきところを正確に狙い、止めるべきところを止める。日本こそ、もっと緻密にやらなければいけなかったのに、その部分でも後れをとっていました。

2011年のワールドリーグはロシア、ブルガリア、ドイツと同組で戦い、1勝11敗。ワールドカップも2勝9敗で12チーム中10位でした。

僕は身長１９３㎝で、海外のオポジットに比べたら高さはないし、ブロックもサーブもまだまだだったので、スパイクに関しては負けたくないという気持ちがありました。スパイクまで決まらなかったら何も取り柄がない、ただ小さいだけのオポジットになってしまうので、小さくても攻撃力はあるんだと見せつけたい、と。でもなかなかチームを勝たせることができなくて、苦しい時期が続きました。

北京五輪の頃は、自分がダメでも他の人がやってくれる、自分は思い切りやればいい、という感じで、何も背負うものはありませんでした。でもその翌年から、常に先発で起用され、攻撃の中心として戦うようになると、「自分がダメだったら負けてしまう」という責任や重圧を感じるようになりました。冬場のパナソニックでのＶリーグシーズンが終わりに近づき、次に始まる代表シーズンのことを考えると、プレッシャーで吐きそうになるほどでした。

やっぱり日本代表は、日の丸を、国を背負ってやっているという意識がありましたし、ファンの方の期待も大きいですから。大会中は眠れなくなったり、ご飯が喉《のど》を通らなくなったりしていました。

ベッドに入っても、チームが負けることを考えてしまったり、自分がブロックされる場面が頭に浮かんできたりして眠れず、何度も寝返りを打つ。そんな時、同室の福澤も隣でゴロンと寝返りを打っていました。

「あいつも眠れないんだな」

そう思うと、少しだけ安心しました。

ロンドン五輪世界最終予選

その頃から少しずつ怪我が増えていて、常にどこかしら怪我を抱えながら、ベストコンディションではない中で戦っているストレスも感じていました。

代表とVリーグで、1年中試合をしている状態でしたから。怪我や痛みを抱えながらも、ギリギリ試合に間に合わせる、ということが続いていました。

そんな中、2012年ロンドン五輪世界最終予選兼アジア予選を前に、大きな怪我に見舞われてしまいました。

もともと足首は何度も捻挫《ねんざ》を繰り返して緩くなっていたのですが、2011-12シーズンのVリーグの終盤、試合会場での練習中に、ジャンプした際、右足首が外れたような衝撃を覚えました。おかしいなと思いながらも、試合があったので、テーピングをグルグル巻いて固めて試合に出たんですが、思い切りジャンプすると足首が外れそうな感覚がずっとありました。

僕は痛みに強いのか、痛みに鈍感なのかわかりませんが、怪我をしても無理して続けてしまう悪い癖があります。その時も、ずっと痛みと足首が外れそうな感覚があったのに、Vリーグの決勝まで出場しました。

決勝のあと、ドクターに診てもらうと、「腓骨筋腱《ひこっきんけん》の脱臼《だっきゅう》」と診断されました。腓骨筋腱は足首の外くるぶしの後方にある腱なのですが、それが脱臼してくるぶしの上に乗り上げた状態になってしまうと、痛みが出て、足首がブラブラしてしまったり、力が入らなくなったりしてしまうそうです。それを治すには、腱を元の位置に戻し、前に行かないように止める手術を行わなければいけませんでした。

その時点で、ロンドン五輪予選の開幕まで約2ヶ月。急遽《きゅうきょ》手術をして、極力早く復帰するために、10日間だけギプスで固定しました。

10日間だけならそれほど筋力は落ちないだろうと思っていたんですが、人間って足をつかないでいると、筋肉がごっそり減るんです。10日後にギプスを外して歩くトレーニングを始めようとすると、筋肉が予想以上に落ちてしまっていて、全然歩けなかった。プールでの歩行練習から始めたんですが、「もう1ヶ月半後には五輪予選なのに、プールで歩いてる場合ちゃうぞ」とめちゃくちゃ焦りました。

こんなことしていて大丈夫なのかなと、不安で仕方がなかったんですが、必死に、急ピッチでリハビリを進めて、手術後初めてスパイクを打ったのが、五輪予選初日の午前中でした。

とりあえずスパイクを打てたので、「よかった、行けるわー」と。全然よくないし、間に合ったとは言えないんですけどね。

第1戦、第2戦は山本隆弘さんが先発出場し、セルビアに敗れ、ベネズエラに勝利。僕は第3戦の韓国戦の途中から本格的に出場し、なんとかフルセットの末に貴重な勝利を勝ち取ることができました。

ところが第4戦で、勝たなければいけない中国に、セットカウント1-3で敗れてしまいます。その後、オーストラリア、プエルトリコには勝利したのですが、最終日のイラン戦を前に、他チームの結果により、日本の五輪出場の可能性は潰《つい》えてしまいました。

「オレのせいで負けた。自分の力不足だ」という思いで、悔しさしかありませんでした。

この大会に向けては、直前までリハビリをしていて、なんとか間に合わせることだけで精一杯で、とても大会に照準を合わせられたとは言えない状態でしたから。もう本当に悔しかったですね。

「オレら弱いやん」「オレたちの力じゃダメだ」と思い知らされました。

４年前、北京五輪に出場して、そこでは１勝もできなかったので、今度は僕と福澤が中心になって五輪で勝利を挙げようと、「オレたちで時代築くぞ！」と誓いました。その年のワールドリーグのファイナルラウンドで世界最高峰の戦いを見て、「オレたちもこの舞台に立つんだ」と目標を掲げた。それなのに……。

あれはなんだったんだ？

オレは４年間、何をしてたんだ？

絶望のどん底でした。

「日本が置いていかれる」という焦燥感

結果的に、その五輪予選で１位になったセルビアと、２位のオーストラリアがロンドン五輪の出場権を勝ち取りました。

ただその当時は、イランが急速に力をつけていました。以前は日本が勝てていたのですが、2011年に世界的な名将であるフリオ・ベラスコ監督を招聘《しょうへい》してからどんどん強くなり、世界の強豪とも肩を並べるようになりました。

イランは組織的な強化を行っていて、特にベラスコ監督が就任してからは、積極的にヨーロッパに遠征に出かけ、強豪チームとどんどん練習試合を重ねていました。その中でメキメキと力をつけ、僕らが敵《かな》わない相手になってしまいました。

それに比べて当時の日本代表は、世界を相手に経験を積む機会が圧倒的に少なかった。僕らはずっと国内で合宿をしていて、ひたすら体作りに励み、AB戦をすることしかできなかった。世界の強豪国のパワーや高さ、ボールのスピードなどを実際に体感できるのは、国際大会の時だけ。公式戦の中で、相手の高さに対して少しずつ調整していくというのが現実だったので、かなり難しかったです。

大会の中で試合を重ねて、少しずつ慣れていっても、やはり常にそういう相手と対峙《たいじ》し続けなければ体が忘れてしまう。日本人同士の合宿になると感覚が戻ってしまい、また国際大会が始まると、高さやスピードに慣れるところから始まる。その繰り返しでした。

ロンドン五輪出場を逃し呆然と立ち尽くす僕と倒れ込む福澤（手前）

イランの躍進を目の当たりにして、世界だけでなく、アジアの中でも置いていかれる一方だという焦りがすごくありましたし、自分の力が足りていないことも痛感していました。でもそれをどう打破していいのかもわからなくて……。こうすればいいと導いてくれる存在もいなかった。

もうあがきようもなく、泣くしかない。本当にキツかったです、あの時期は。

光明

真っ暗闇の中から少し光が見えたように感じたのは、２０１４年のことでした。その年、日本代表監督に就任した南部《なんぶ》正司《まさし》さんは、積極的に海外遠征を行いました。

2014年は8月から9月にかけて、フランス、チェコ、ブラジルを約1ヶ月に渡って転戦。特にフランスで得た収穫は非常に大きなものでした。

当時のフランスは、ロラン・ティリ監督（現・パナソニック監督）のもと急速に力をつけ始めていました。そのフランスとは、練習試合だけでなく、合同練習も行い、それがすごく新鮮でした。そんな機会はほとんどなかったので。

その遠征の中で連日、海外のハイレベルで高さのある選手と対峙するうちに、「これだけ高いブロックが相手でも、こうやって打てばブロックを飛ばせるんや」とか「ここを抜けばいいんや」と、対処方法が見えてきて、「自分の力でもスパイクを決めることができる」と、少しずつ自信につながっていきました。

その時のフランス代表には、2021年の東京五輪で金メダルを獲得することになるメンバーがたくさんいて、東京五輪MVPのイアルバン・ヌガペト選手もその1人です。

当時の彼はまだ若かったんですけど、それでももうめちゃくちゃうまかった。一緒に練習して驚いたんですけど、彼は全然ジャンプしないんですよ（笑）。高くジャンプするわけじゃないし、助走のスピードが速いわけでもない。でも、スイングがめちゃくちゃ速くて、どんな状態でも決めてくる。ボールコントロールがその頃から際立ってうまかったので、相手コートや相手ブロックの腕の狙った場所に思い通りにボールを打つことができたんです。だからあれだけ得点を取ることができる。

すごいなとビックリしましたけど、同時に、高さで及ばなくても点を取る方法はいくらでもあるんだと学ぶことができました。僕自身は、それまでストレートやクロスにブロックを抜いて決めようとすることが多かったんですけど、ブロックに当てて決めることができるようになりました。ブロックに当てるのは怖かったんですけど、ちゃんと当てるべきところを狙って当てればブロックを飛ばせるということがわかったので。

その翌年も、イタリアやポーランドに長期の遠征を行い、そこでもまたいろいろな収穫がありました。

2014年から石川祐希（パワーバレー・ミラノ）や柳田将洋《やなぎだまさひろ》（東京グレートベアーズ）など、当時大学生だった若手選手が日本代表に加わり、彼らも海外の選手との対戦経験を重ねたことでメキメキと力をつけ、2015年9月のワールドカップでは、それまで勝てなかった相手に勝てたり、以前はまったく歯が立たなかった世界の強豪相手にも競った試合ができたりするようになりました。

データ活用による変化

海外遠征が増え、海外の高さに慣れることができたこととも一つ、データ分析とそれを生かした緻密な戦術を取り入れるようになったことも、世界と戦う上で大きなプラス材料になりました。

それまでにも、この選手はこのコースのスパイクが得意だとか、おおまかなデータはありましたが、あまり細かいものではありませんでした。でも南部さんが代表監督に就任すると、コーチを務めた真保《しんぼ》綱一郎《こういちろう》さんを中心に、緻密なデータ分析を行い、それを踏まえて、日本が世界を相手に戦う上で有効な戦術を立てて臨むようになりました。

例えば、相手のこのスパイカーは、こういうシチュエーションではこのコースに打つことが多いから、ここにディグ（スパイクレシーブ）に入っておけば上げられるとか、セッターのトス回しも、ローテーションや状況ごとに、ライトに上がることが多いとか、20点以降はこうなるとか、相手の傾向を徹底的に分析する。そしてそれに合わせたブロックとディフェンスを構築していきました。

時には、相手のレフトは捨てて、クイックとライト側だけをマークするとか、確率の高いところにブロックが複数つけるように割り切ることもありました。選手個々が自分の感覚で動くというより、データをもとに全体が連動しシステマチックに動く。それによって、相手の強烈なスパイクもディグで上げられる場面が格段に増えました。日本の本来のよさであるディフェンス力が強みになり、粘り強さでは世界に負けないチームになっていきましたね。

ただ、２０１６年のリオデジャネイロ五輪出場をかけた世界最終予選兼アジア予選でも、五輪切符には届かず、２大会連続で五輪出場を逃すことになりました。

２０１２年のロンドン五輪予選まではずっと僕と福澤がチームの最年少で、その後、リオデジャネイロ五輪に向けては一気に世代交代して、石川や柳田といった若い選手たちが入ってきたので、「この若い世代のためにも、絶対に一緒にリオ五輪に行きたい」という思いがすごく強かったのですが……。めちゃくちゃ行きたかったし、本当に勝たせてあげたかったです。

ただ、あの時はロンドン五輪予選で敗れた時とはまったく違った感覚でした。五輪に届かなかった悔しさはもちろんありましたが、ロンドン五輪の時のような、どうあがけばいいかわからないという絶望感ではなく、「日本は強くなる。4年後の東京五輪ではきっと戦える」という確信がありました。やっていてもすごく楽しかった。もっとこのチームで一緒にやりたいと、強く思いました。

だから、その時は30歳になる年でしたが、4年後の東京五輪を目指すことに迷いはありませんでした。

第5章

不屈　怪我との戦い

何気ない日常のありがたさ

これまでのバレー人生を振り返った時に、思い出される一番大きな出来事は、やはり怪我との戦いです。

中学時代の網膜剝離《はくり》から始まり、高校3年の時には腓骨《ひこつ》を骨折したこともありました。捻挫《ねんざ》は数え切れないほどしましたし、第4章で触れたように2012年のロンドン五輪予選の前には、右足腓骨筋腱《きんけん》の脱臼《だっきゅう》で手術を行いました。その後も、これでもかというほど怪我につきまとわれてきました。

怪我をすると、普通の生活や、何気ない日常が、180度変わってしまう。ついさっきまでは普通に歩いて、普通にバレーボールができていたのに、一瞬で何もかもすべて失ってしまう。

その度に、気づかされるんです。普段の何気ない日常が、いかに幸せか。毎日同じことの繰り返しかもしれないですけど、それができていることは当たり前じゃないんだなと、ありがたいことなんだなと気づかされてきました。

でも、やっぱり時間が経つと忘れてしまうんですよ。そして「今日はなんかだるいから、ちょっと手を抜こうかな」とか、「今日はちょっと気持ちが乗らないな」なんて考えがよぎることも。そういうのは、怪我した時に後悔するんですよね。何気ない日常の中でこそ、一生懸命やらなきゃいけないなと。

それと、怪我をしてから復帰するまでには、いろいろな人たちが助けてくれる。自分1人の力では戻ってはこられないし、自分は周りのたくさんの人たちに支えられているんだなと、1人でバレーボールをやっているわけではないんだなと改めて感じて、いろいろな人に感謝して、恩返ししたいなという気持ちになります。

自戒

2012-13シーズンのVリーグ中には、左手を骨折しました。この怪我は完全に僕の責任でした。

2013年3月2日、枚方《ひらかた》市立総合スポーツセンターで行われたサントリー戦の試合中のことでした。パナソニックは第1セットを奪われ、第2セットはデュースになりますが、最後は僕のスパイクが当時サントリーの選手だった金子隆行さんにブロックされ、26－28でこのセットも取られてしまいました。

自分のスパイクがシャットアウトされた瞬間、僕は自分への怒りをコントロールできず、ネットのポールを思い切り左手で殴ってしまったんです。

その頃はずっとモヤモヤしていました。日本代表では、世界との差が開く一方で、しかもどうやって打開すればいいかもわからない状態が続いていて、前年のロンドン五輪も僕の力不足で出場することができなかった。

Vリーグでも、そのシーズンはずっとサントリーに勝てなくて、その試合も僕が最後にブロックされてセットを奪われてしまった。その瞬間、何かが切れてしまい、ずっと溜《た》まっていたすべての鬱憤《うつぷん》を晴らすかのように、思いっ切りポールを殴ってしまいました。

一応、ポールカバーのあるところを殴ったんですけど、力が強すぎて、ポールまでもろに行ってしまった。あんなに思い切り何かを殴ったのは人生で初めてでした。

ハッと我に返って左手を見ると、手の甲がえげつないぐらいボコッと盛り上がって、今にも皮膚が破れそうな状態でした。殴った瞬間に骨が中にめり込んでしまったんです。まだ試合中でしたが、会場を離れて病院に向かいました。骨折でした。

その骨を押さえつけて元に戻さなきゃいけないんですが、それがもう痛いなんてもんじゃなくて。

でも、自業自得です。「何してんねん、オレ」と猛烈な自己嫌悪に陥りました。周りにもものすごく迷惑をかけてしまった。本当に子供だったなと思います。

その時パナソニックの監督だった南部正司さんや、春田《はるた》政幸《まさゆき》部長にはかなり怒られました。当然です。物に当たってしまったこともそうですし、商売道具である自分の体を大切にしなかったことも。しかも、子供たちも見ている前でそんな行為をしてしまったことも、本当に反省しなければいけませんでした。自覚が欠けていましたね。

当時は代表で負けてばかりで、ロンドン五輪にも行けなかった。どうしていいかわからなくて、正直、バレーボールが楽しくなくなっていました。

「バレーはもういいかな」と引退が頭をよぎることもありました。

でも、左手を怪我してバレーができなくなり、バレーから遠ざかると、だんだんウズウズしてきたんです。

「やっぱりバレーボール好きやな。バレーボールやりたいな」

大失態でしたけど、成長して戻ってこられるように、この期間を自分の人生を見つめ直す、自分に足りないものをもう一度考える時間にしようと思いました。人間力を身につけ、もっと大人になろうと。

それまではパナソニックの契約社員というかたちだったんですが、その怪我を機に、プロ選手になりました。もともとバレー1本でやっていきたい、バレーボールで評価されたいという思いがあったので、正社員ではなく契約社員にしてもらっていたのですが、より自分に責任を持ってやっていくために、プロを選択しました。

絶望

僕のこれまでの人生で一番大きな怪我であり、一番大きな出来事だったのが、2018年2月の右膝《ひざ》の怪我でした。

2017–18シーズンのVリーグは、めちゃくちゃ調子がよかったんです。2017年は右足の舟状骨を疲労骨折したこともあり、日本代表には行かず、時間をかけてリハビリを行い、ビーチバレーや新しいトレーニングも取り入れて体をしっかりと作り直して臨んだことが、コンディションのよさにつながっていたんだと思います。

ところが、調子がいい時ほど怪我をしやすいものなんですよね。

２０１８年2月18日、福岡市民体育館で行われたＪＴサンダーズ（現・ＪＴサンダーズ広島）戦でした。その日はいつも以上に調子がよくて、感覚が研ぎ澄まされていた。相手のブロックだけでなく、その後ろのレシーバーまでしっかり見えていました。

第１セットの11－７の場面でライトからスパイクを打った時も、自分が打ったスパイクが相手ブロックに当たって跳ね返ってくるのがハッキリ見えました。そのボールをうまくよけられたらブロックアウトにできるので、よけようとして空中で体を無理にひねりました。調子が悪い時だったら、そこまで見えないし、そんな反応はできないんですけど、体が動きすぎて、反射的に体をひねって、不自然な体勢で着地してしまったんです。

着地の瞬間、右足にものすごい衝撃が走りました。一瞬、誰かに思い切り蹴《け》られたんじゃないかと思ったほどです。ブロックフォローに入るために近くにいたリベロの永野健《ながのたけし》さんが蹴ったのかと思って、後日「永野さん、蹴りました？」って聞いたぐらいです。

でもそんなはずはなくて。無理な体勢で着地したせいで、右膝をひねってしまったんです。

ブチブチブチ！　と何かが切れる感覚と、人生で一番の激痛に襲われ、コートに倒れ込みました。僕は痛みには強いほうだと思うんですけど、あの痛みは本当に耐えられなかった。スタッフやチームメイトが運び出そうとしてくれるんですけど、動かすたびに激痛に襲われるので、思わず「アアー‼」と叫んでしまう。観客が息を飲み、シンと静まり返った体育館に僕の叫び声だけが響き渡っていました。

しばらくするとようやく担架がきて、救急車で病院に向かいました。

膝から下がぶらんぶらんの状態だったので、自分でも、これはただ事じゃないというのはすぐにわかりました。あの瞬間、「あ、もうオレのバレー人生は終わったな」と、バレーボールは諦《あきら》めていました。あんな状態からまたバレーができるようになるなんて考えられなかったので。

近くの病院で診察を受けたのですが、精密な検査はできなかったので、その日はとりあえず右膝を装具で固定して一旦《いったん》大阪に帰り、翌日、神戸《こうべ》大学医学部附属病院で精密検査をしてもらうことになりました。

帰りの新幹線では、キツいし、つらいし、「なんでオレが？」ということが頭の中をぐるぐる回って、現実を受け止められませんでした。気持ちの糸が切れて、バレーをやめることしか考えていなかったですね。

翌日、神戸大附属病院では、右膝の前十字靱帯《じんたい》断裂、内側側副靱帯断裂、半月板損傷、軟骨損傷で全治12ヶ月と診断されました。

「なんで自分が？」

「なんで今？」

その前年に舟状骨の骨折で約10ヶ月ものリハビリを行い、しかも怪我をしにくい体作りもしっかりやって復帰したばかりだったので、「全治12ヶ月」と聞いた時のショックは大きく、リハビリをする気力はもう残っていませんでした。

「やめます。引退します」

診察してくれた荒木《あらき》大輔《だいすけ》先生に、そう言いました。

でも、膝の名医で、それまでにも数多くのバレー選手を復帰に導いてきた荒木先生は、必死で説得してくれました。

「確かに今回の怪我は前十字靱帯の怪我の中でも大きな怪我だけど、絶対に治らない怪我じゃない。手術の方法はいろいろあるので、僕だけじゃなく、この病院にいる整形外科の先生みんなで一緒に、清水君にとって一番いい方法を探して、治すから。ここには膝専門の先生が僕を含めて5人いるので、みんなのアイデアを持ち寄れば、最善の治療をしてあげられるから。だから清水君、今すぐやめるなんて言わないでほしい。今すぐ引退しますではなく、一度頑張って復帰してほしい。それで納得がいかなかったら、その時にやめてもいいから」

実際に他の先生も呼んできてくれましたし、本当に熱く、親身になって話をしてくれました。そんなふうに言われたら、グラッときますよね。

「頑張ります」

その時はまだ強い決意とまではいきませんでしたが、荒木先生の言葉に心を動かされて、復帰を目指してみようかという気持ちになりました。

あの時、荒木先生に出会っていなかったら、僕は引退していたと思います。

そういう先生にはなかなか巡り会えないと思うんですよね。ちょっとテキトーなところもあるんですけど（笑）、本当にいつも親身になってくれる、いい先生に出会えたなと思います。

「もう一度、このメンバーとコートに立ちたい」

怪我から3日後の2月21日、1回目の手術（膝関節内側側副靱帯修復術、外側半月板縫合術）を行いました。

復帰を目指すことにしたものの、絶望感は変わりませんでした。誰とも会いたくなかったし、話したくなかったので、パナソニックの山本拓矢《たくや》マネージャーには、「みんな心配してくれるだろうけど、誰とも会いたくないから、お見舞いには来ないように言ってほしい」と伝えました。シーズン中に大阪から神戸まで来るのも大変だろうと思いましたし。

でも、福澤達哉は、「そんなの関係ねー」と、手術後すぐにやってきました。

特に何を話したわけでもなく、「もう一度バレーボール頑張ろうや」と言われたわけでもなく、ただ病室のテレビを観ながら他愛もない話をしただけなんですけど、それでも僕はその時、いてくれてよかったなと思いました。少しの間だけでも怪我のことを忘れられて、ちょっとずつ前向きになれたので。

そのあと、パナソニックの先輩の永野さんや白澤健児《しらさわけんじ》さんも会いにきてくれました。

そしてパナソニック対豊田合成トレフェルサ（現・ウルフドッグス名古屋）のVリーグファイナルが行われた3月18日、僕は車椅子で、会場である東京体育館に向かいました。

最初は行きたくなかったんですよ。みんなとどんな顔をして会えばいいかわからなかったし、後輩たちも僕になんて声をかけていいかわからないだろうし。

でも、「決勝に清水がいるのといないのでは全然違うから、来てほしい。神戸から東京は長旅になるので大変だと思うけど、来てくれ」とチームに言われて。

会場に着くと、みんな普段通りに接してくれて、居心地がよかったです。

コートの脇から試合を見つめて、みんなが優勝する姿を目にした時に、「この舞台にもう一度立ちたいな」という思いが芽生えてきました。

僕が怪我をする前からよく、永野さん、白澤さん、福澤、ミハウ・クビアクと僕という歳の近いメンバーでご飯を食べにいって、こんな話をしていたんです。

「オレら上のメンバーはだんだん引退が見えてきているから、いつまでもこうやって一緒にバレーをすることはできない。その中で、1年1年、大事にやっていこうな。だから今年、一緒に優勝しような」

その中で僕が離脱してしまったんですけど、あの時、その会話を思い出していました。

そしてその夜の優勝祝勝会のあと、ホテルの部屋にそのメンバーで集まっていろいろな話をしました。

永野さんはこう言ってくれました。

「昨年も舟状骨の怪我をしたばかりなのに、『なんでお前が？　なんでこんなに頑張っているやつが、こんなことになるんだ』って、オレだけじゃなく、みんな思ってる。でもオレたちは立ち止まれない。清水は一番つらいと思うけど、オレたちもつらい。でもここからもう一回這《は》い上がるしかない。オレはお前ともう一度やりたい。だから、これからどんなことでもいいから、オレたちで支えられることがあれば言ってくれ。どんなことでも手伝うから、もう一度一緒にやろうや」

その言葉が僕にとってすごく救いになったし、もう一度頑張る勇気をもらいました。

怪我をした時に散々泣いて、もう涙は涸《か》れたと思っていましたが、あの夜はみんなと思い切り泣き明かしました。

あの場に行って、みんなと話せて本当によかったなと思ったし、これだけ自分のことを思ってくれている人がいるんだな、と火がつきました。

「もう一度このメンバーと一緒にコートに立って、バレーボールがしたい」

怪我をして以降初めて、明確な目標ができました。

「よし、もう一度やろう」

そう意気込んで、福澤が僕へのメッセージを書き込んでくれたインスタグラムのスクリーンショットを、スマホの待受画面にしました。

He will definitely get stronger and come back.
He always has been doing like that.

#誰よりも努力してきた
#誰よりも困難を乗り越えてきた
#なんであいつが…
#本人の悔しさは計り知れないけど
#あいつにしかできないこと
#僕たちにしかできないこと
#それぞれの道を信じて
#前を向いて進むしかない
#身勝手な言葉やけど
#あいつならやれる
#僕が一番尊敬する選手やから

いいね！6,369件

1tatsu5 ***
He will definitely get stronger and come back.
He always has been doing like that.
#誰よりも努力してきた
#誰よりも困難を乗り越えてきた
#なんであいつが…
#本人の悔しさは計り知れないけど
#あいつにしかできないこと
#僕たちにしかできないこと
#それぞれの道を信じて
#前を向いて進むしかない
#身勝手な言葉やけど
#あいつならやれる
#僕が一番尊敬する選手やから

福澤の投稿を待ち受けにしてリハビリに励んだ

リハビリをしている時や、弱音を吐きそうになった時にスマホを見たら、この画面がパッと目に入るので、「もう1回みんなと一緒にやりたいから、頑張ろう」と思えました。

感染症との戦い

4月13日には2回目の手術（前十字靱帯再建術、内側側副靱帯再建術、骨軟骨柱移植術）を行いました。

手術後、傷口がふさがるまでの10日間ほどは安静にし、その後、リハビリが始まりました。最初は膝を曲げるところから。ベッドの上で始めるんですけど、これがめちゃくちゃ痛くて。ずっと伸ばしたまま固まってしまっていたので、全然曲がらなくなっていて、それを理学療法士の先生がちょっとずつ筋肉をほぐしながら押し込んでいくんですけど、もう本当に苦痛で、先が思いやられましたね。

でもそこから2、3週間かけて少しずつ、自分で曲げて、伸ばすことができるようになり、かかとが太ももの裏につくようになりました。

でもあまりにもその歩みがゆっくりなので、「こんなことをしていて本当にバレーができるようになるのかな？」とすごく不安になりました。普通の生活には戻れるかもしれないけど、アスリートとして、トップのパフォーマンスに持っていけるのか、そこは半信半疑でした。

そのあとは、足をついて歩く練習です。足をつくのもまた痛いし、足の感覚が以前とは全然違って、「これ本当にオレの足か？」という感じでした。

それでも、少しでも早くリハビリを進めて、早く退院して復帰したかった。僕は「先に先にやりたい病」でした。

最初に荒木先生から治療やリハビリのプランを聞いた時、それをスマホにしっかりメモしておき、「今日からこれできますよね？」と先生に自分から催促していました。「いや、それはあくまでも予定で、状態を見ながら進めないと」と言われても、「え、でもこの日って言いましたよね？」と食い下がります。そんなやりとりは日常茶飯事で、時には1週間ぐらいごまかして、先にリハビリを進めようとするような問題児だったので、先生は頭を抱えていたと思います（笑）。

そんなことをやりながら、少しずつ、少しずつ前に進んで、車椅子から松葉杖《づえ》、そして松葉杖もなしで歩けるようになり、2回目の手術から1ヶ月半ほど経った5月末に退院することができました。

ところが……退院した日の夜、熱が出てしまいました。

実はその前日の夜にも少し熱があって、風邪をひいたのかな？　と思ったんですけど、それをドクターとナースに伝えると、「え？」と顔色が変わりました。「とりあえず退院はさせるけど、もしまた夜に熱が上がったら、すぐに連絡してきて」と。

僕はあまり深く考えず、ただの体調不良だろうと思っていたんですが、退院した日の夜、また熱が出ました。やっぱり風邪か、と思ったんですが、連絡するように言われていたので病院に電話したら、「今すぐ戻ってきて」と言われました。

病院に戻ったのは夜中の12時頃。膝も腫《は》れていたので、水を抜いてもらったら、真っ白な液体が出てきました。本来なら黄色とか、ちょっと血が混じって赤みを帯びていたりするものなんですが、あの時は真っ白。感染症でした。

荒木先生に、「菌に感染しているから、今すぐ手術せなあかんわ」と言われて、「ウソでしょ！」と。

手術をして膝をキレイに洗っても、すぐに動いたりすると、残っていた菌が活性化してしまうので、2週間ぐらいはまた寝たきりで安静にしていなければいけない。そう聞いてゾッとしました。ここまで、ジリジリするほどゆっくりな歩みで、なんとかリハビリを進めてやっと歩けるようになったのに、それが全部水の泡になって、また0からやらなきゃいけないなんて、絶対に嫌でした。

「手術なんてやらなくて大丈夫です。もう熱も下がったんで、大丈夫っす！」と抵抗しました。

「これは今、早くに見つかったからよかったけど、感染したままにしておいたら、菌によって靭帯がグニャグニャになったりして、もう一度再建手術をしなきゃいけなくなるよ。今回早期で見つかったのはラッキーだから、今すぐ手術したほうがいい」

荒木先生にそう言われ、もうどうしようもない状況だったんですが、僕は「やらんって！」と抵抗を続け、先生と2時間ぐらいケンカをした末、結局観念して、夜中の2時頃から手術をしてもらいました。

そこから何もできなかった2週間は本当にキツかったですね。

それでもなんとか退院できてチームに戻ってからは、順調にステップを踏むことができました。

子供の頃のように

最初はチームメイトがバレーボールをしている横で、ひたすらアジリティのトレーニングをしていました。足の運び方を確認しながら、バレーに必要な八の字の動きや切り返しなどを毎日少しずつ増やして、痛みが出たら少し後退して、よくなったらまた少し前進して、ということを1ヶ月半ぐらいかけて繰り返し、ようやくボールを使った練習ができるようになりました。

最初はオーバーハンドパスとアンダーハンドパス。サイドステップをしてパスして、またサイドステップで戻ってパスをする練習。突発的な動きはまだできないので、規則的な動きを繰り返しながら少しずつスピードを上げていきました。

それと並行して、ジャンプトレーニングも少しずつ進め、その年の10月には小学生用の2mの高さのネットからスパイクの練習を始めました。

それが、全然打てなくて（苦笑）。軽くジャンプして打つんですけど、2mなのにネットにかけてしまう。でも、ショックも怖さもなく、純粋に楽しかったんです。

30過ぎた歳になって、また2mのネットで打って……小学生に戻ったような感覚でした。子供の頃も最初はネットをなかなか越えなくて、やっと越えたら、それだけでめちゃくちゃ嬉《うれ》しかった。本当にその頃のような感覚で、初心に返り、純粋に楽しみながらスパイクを打っていました。

それをしばらくやったら、次は中学生用の2m30㎝、高校生用の2m40㎝、一般用の2m43㎝と、1週間ごとに段階を追って高さを上げていきました。

ネットの高さを上げるたびにスパイクが決まらなくなりましたが、苦ではありませんでした。一時は、またスパイクを打てるようになるなんて考えられない状態でしたから。

入院中、不安に苛《さいな》まれていた時期に、パナソニックのモッタ　パエス・マウリシオコーチ（当時）がお見舞いに来てくれて、こう言ってくれたんです。

「小さな積み重ねがのちに大きな変化を生むことになるから、今すぐに結果を求めちゃダメだよ。地道に頑張ってやっていけば、将来絶対にいいことが起きるから」

今すぐにダッシュしたり、ジャンプしたりできるようにはならないけど、このリハビリを一つ一つ積み重ねていけば、いずれ絶対にスパイクを打てるようになる。その思いでやってきて、本当に打てるようになったので、感慨深いものがありました。

あれだけの大怪我でしたが、ジャンプすることに対して不思議と恐怖心はありませんでした。最初は30㎝ほどの台に跳び乗るジャンプトレーニングから始めましたが、初めて跳び乗れた時は、怖さより嬉しさがまさっていました。まだ全然低い台だし、痛みもあったんですが、ジャンプできて、一歩前に進めたなと。一つ一つ、できることが増えるたびに喜びを感じていました。

チーム練習に参加できるようになると、僕のブロックのはるか上から福澤にスパイクを決められて、嫌になりましたけどね（笑）。

復帰戦

そしてついに、２０１９年2月2日、熊本県立総合体育館で行われたサントリー戦で、３４９日ぶりにコートに立つことができました。

第１セット、23－15とリードしている場面で、大竹壱青《おおたけいっせい》に代わって僕がコートに入りました。もうセット終盤で、得点チャンスは少ししかないとわかっていましたから、早く打ちたくてしょうがなくて、「全部オレに持ってきてくれ」という気持ちでした。

最初の得点チャンスでは、サーブレシーブが崩れて二段トスになる難しいシチュエーション。セッターの深津英臣《ふかつひでおみ》は、レフトの久原翼《ひさはらつばさ》にトスを上げましたが、得点にはつながらず23－17。

深津はあの一瞬の間にめちゃくちゃいろんなことを考えてくれていたと思います。試合後の記者会見では僕の隣でこう話していました。

「あの時は相手の（ブロックの低い）セッターが久原の前だったから。清水さんも勝つためにコートに入ってくれたと思うので、気を遣って上げるというのではなく、僕もあくまでも勝つために一番いい選択をしようと思って上げていました」

何より、復帰1本目は、パス（サーブレシーブ）がきっちりセッターに返って、ブロックのマークが薄い状況で、僕に楽に打たせたいという思いがあったんだと思います。

そして次の得点チャンス。ここでもサーブレシーブが乱れ、今度はリベロの永野さんがトスを上げにいきました。

その瞬間、「絶対来る！」と思いました。

永野さんはバックトスで僕に持ってきてくれた。深津は内心、「この状況で行ったー！」とビックリしていたそうです（笑）。

緊張しましたけど、2枚ブロックの外側、ストレートのコースが空いているのがしっかり見えたので、そこに打ち込み、エンドラインギリギリに決めることができました。意外と冷静でしたね。

約1年ぶりの公式戦でのスパイク。1年ぶりの得点。怪我をした瞬間は、ユニフォームを着てコートに立っているなんて想像できなかったので、あの時はめちゃくちゃ嬉しかったんですけど、久しぶりすぎて喜び方を忘れてしまっていました（笑）。

決めたあと、もっと永野さんたちと喜びたかったんですけど、なんかちょっと照れくさがあったので、すぐにサーブを打ちにいってしまった。あとになって、「もう少し喜びを嚙《か》みしめればよかったな」と後悔しました。

でも、永野さんも僕がつらい時にずっと励ましてくれていましたし、あの時、絶対来るだろうと思って準備をして、そこで決められたのは本当によかったです。

試合後、永野さんはこう言ってくれていたそうです。

「オミ（深津）がビビッたのかわからないけど、自分はチャンスがあれば清水に上げようと思っていて、たまたまそのチャンスがきた。それが思いっ切り復帰1本目だったので、決まってくれてよかったです。いやー嬉しかったですね。でも今はまだ完全復帰へのステップアップの途中。試合を通して全部出場できた時に、もっと祝福してあげたい。だから『ナイススパイク』とは言いましたけど、『おかえり』とはまだ言っていません」

あの時、福澤はアップゾーンから見ていたんですが、試合後の記者会見では、福澤もこう話してくれました。

「怪我をしてからのこの1年間、清水がすごく苦労して、もがきながらも一生懸命前を向いて戦っていた姿がフラッシュバックして、復帰1本目のスパイクを見た時はちょっと泣きそうになりました。ようやくスタートラインに立ったんですけど、ここに立つまでどれだけ苦しかったかというのは、見ている人間以上のものが本人にはあると思う。今日の試合は本当に大きな一歩だったと思います」

福澤や白澤さん、永野さんをはじめ、チームメイトや、周りのみなさんに支えられて戻ってこられたので、本当に感謝の気持ちしかありませんでした。

そして福澤も言ってくれたように、みんなと一緒にもう一度コートの上で戦えたことは、僕にとってすごく大きな一歩でした。

復帰後初めてのトスが、いい状態でのトスじゃなく、リベロからの二段トスだったというのも「清水らしいいな」と福澤が言っていました。

僕はポジション柄、難しいトスが上がってくることが多かったので、僕自身も「なんか自分らしいな」と思いましたし、それを決められたのはすごく嬉しかったです。

あの時の、スパイクを打つ感触、決めた時の歓声……。

バレーボールをやめなくてよかったな、頑張ってリハビリしてきてよかったなと、あの瞬間、心から思いました。そして、改めてこう感じたんです。

「やっぱりオレはバレーボールが好きやなー」

僕は怪我でバレーから遠ざかるたびに、恋しくなって、「やっぱり離れられない存在なんやな」と再確認するんです。

最初はバレーをしている母への憧《あこが》れから入り、中学時代にはジルソン選手みたいになりたいと夢を抱きました。その後は怪我でコートを離れることもありましたが、そこから戻って、1本目のスパイクを打って決める感覚というのは、いつまで経っても変わらない。

小さな大会でも、大舞台でも関係ない。スパイクを打つ感触や、エースとして点数を決める感覚。それが僕にとっては今でもずっと快感で、それを味わうためにやっているところがありますね。みんながつないでくれたボールを、自分が決める。僕にとってはそれが一番の魅力です。

（左から）クビアク、永野さん、白澤さん、福澤とまた一緒にコートに立つことができた

もちろん、ポジションによってそれぞれのよさがあると思いますが、僕は小さい頃からスパイク一筋というか、打って点を取ることを第一にやってきたので、その魅力は子供の頃から変わりません。

そうして復帰を果たすことができたのですが、その熊本での復帰戦の翌週、膝にズキズキとした痛みを覚えて、熱も出てきてしまった。「まさか」と嫌な予感がしました。

検査をしたら、やっぱり「感染しています」と。感染症には一度なっていたので、そうじゃないかなとわかってはいましたけどね。

また抵抗したいのはやまやまでしたが、

ムダだということはわかっているので、その時は潔く、「じゃあ手術してください」と受け入れました。

あの時はもう落ち込むというより、だんだん腹が立ってきて（苦笑）。

「そこまで神様はやらせたくないんか！　でもこっちは絶対復帰したるからな！」と、何クソ魂に火がつきました。

手術後しばらくは安静にしましたが、シーズン中に絶対復帰したかったので、急ピッチでリハビリを進めました。まだ歩くなと言われているのにこっそり歩いたりして（苦笑）。

そうして3月23日のサントリー戦で2度目の復帰。パナソニックが2連覇を達成したファイナルのコートにも、立つことができました。

応援のありがたさ

大怪我をしたことで、改めて、ファンのみなさんの応援のありがたさを噛みしめることもできました。

福岡で右膝に大怪我を負った日、大阪に帰る新幹線の中で山本マネージャーに、「こういう時だからこそＳＮＳを更新したほうがいいですよ。しましょうよ」と言われました。僕はどん底にいて、何もする気が起きなかったのでやりたくなかったんですが、「いろんな人が応援してくれるし、きっとパワーをもらえます。それに、発信することで、自分もバレーを続けなきゃいけないという思いになるから、今、発信しましょう」と説得されました。半分イヤイヤでしたけど、新幹線の中で打ちひしがれる自分の写真とともにツイッターを更新しました。

するとと、たくさんの応援メッセージをいただきましたし、ファンレターや千羽鶴までたくさん届きました。こんなに大勢の人に応援されているんだな、支えられているんだなと、その時に初めて気づきました。

それからはリハビリ中もＳＮＳの発信を続けました。同じように怪我をしている人も全国にいるだろうから、そういう人たちと一緒に頑張っていけたらという思いもありましたし、その後、怪我をしてしまった人たちも、僕の姿を見ることで、復帰できるんだと勇気づけられたらいいなと思い、更新を続けました。

退院してからは、まだリハビリ中でも、積極的にイベントに参加するなど、ファンのみなさんの前に出るようにしていました。怪我をした選手は復帰するまではあまり表には出ないというのが通常かもしれませんが、僕は、怪我をしてから、僕を元気づけようとメッセージをくれたり、声をかけてくれたりする人たちに、「元気です」という姿をお見せしたいと思い、いろいろな場に出ていきました。

2018年8月の枚方まつりのパレードにも、チームメイトと一緒に参加しました。その時はまだ車椅子に乗っていたので、恥ずかしいなという思いもあったんですが、応援してくださる方々と身近に触れ合えて、「清水君、もう一回頑張ってね!」と言ってもらえ、それがすごく励みになりました。

それに、僕はプロとしてやっているので、バレーボールにもっと興味を持ってもらいたい、応援してくれる方を増やさなきゃいけないという思いもある。だからプレーができない中でも、今できることをやろうと考えていました。

そうすることでいろいろな出会いもあって、その1人が、メンタルコーチの山本シュウさん(愛称・レモンさん)でした。

レモンさんはDJもやっていて、僕たちが参加した枚方まつりのイベントで司会をしていました。その時に「僕はメンタルコーチもしているから、今度カウンセリング受けてみる?」とすごく軽いノリで言われて(笑)。

それをきっかけにカウンセリングを受けた時に、こんな話をしてくれました。

「人生80年あるとして、その長い人生に比べたら、怪我をしている期間なんて一瞬だよ。5年後、10年後になったら、ほとんど忘れているか、いい思い出になっている。今は、『めっちゃキツいわ』とか、『なんでオレだけ』と思うかもしれないけど、それは人生において一瞬の出来事だから、あまり深く考えすぎず、時には流れに身を任せたっていいんだよ。一生懸命やりたかったらやればいいし、やりたくないと思う時はやらなくてもいい。どんなにつらいことも、ある程度は時間が解決してくれるものだから、どうしても立ち直れない時期は、時に身を任せることも大事だよ」

「人生終わった」ぐらいに思ってしまうこともありましたけど、そんなに思い詰めなくてもいいんだなと、当時レモンさんの話を聞いて楽になりましたし、今、「本当にそうだな」と、改めてあの言葉を噛みしめています。

あれから約5年が経ちましたけど、本当に今では、僕の中でいい思い出になっていますから。

当時はキツかったですけど、それで人生が終わるというわけではなかったし、克服できて、復帰できて、いい経験ができたと思います。

もちろん当時はそんなふうには思えなかったですけどね。

今現在、怪我などで苦しんでいる人もたくさんいると思いますが、「5年後にはまったく考え方や価値観が変わっていると思うから、今はキツいと思うけど、そこまで考えすぎなくても大丈夫やで」と言いたいです。

怪我をしている時って、夜になると、「なんでオレが？」とか「本当によくなるのかな？」とか、ついマイナスなことばかり考えてしまうものなんですけど、しんどいのはその時だけで、時間が経てば傷は少しずつ癒《い》えていくし、身体的にもよくなっていくと思うので、あまり思い詰めないで、時には流れに身を任せてもいいと思いますよ。

僕は怪我が本当に多かったんですけど、その分、他の選手はできない経験ができているんじゃないかと思うので、それはありがたいことでもあるし、這い上がる力や、どんな状況でも乗り越えられる精神力が身についたんじゃないかと思っています。

第6章

五輪の架け橋になる

「東京五輪も諦めていません」

第5章でも触れたように、2019年2月2日のサントリー戦で、僕は約1年ぶりにVリーグのコートに立つことができました。

でもそれはあくまでも完全復帰への第一歩。まだジャンプ力も怪我をする前に比べたら20㎝近く低かったですし、筋力も、右足は左足の90%ぐらいまでしか戻っていなくて、太さも1、2㎝違いました。リハビリを始めた頃は6㎝ほども差があったので、それに比べるとましにはなっていたんですが、まだまだ戻していく途中でした。

このメンバーでもう一度優勝を味わいたい、自分もファイナルの舞台に立って喜びを分かち合いたいという強い思いがあったので、リーグ終盤の重要な試合やファイナルに向けて、もっとコンディションを上げていこう、もっとチームに貢献できるようになりたい、と前を向いていました。

そうすれば、日本代表への道が開けてくる可能性もある、と。

復帰戦のあと、僕はインタビューで「まだまだ東京五輪も諦《あきら》めていません」と話しました。

正直、リハビリ中は日本代表に復帰することなどまったく考えられませんでした。あくまでも、「永野さんや白澤さん、福澤、クビアクともう一度、一緒にコートに立ってバレーボールがしたい」ということが目先の目標でした。

だから、自分がいなかった2018年の日本代表のことも、純粋に応援しながら見ていました。

その年はオポジットの西田有志が代表デビューした年だったのですが、怪我をする前にVリーグで対戦した時と比べると見違えるようにすごくなっていたので、「どんどんうまくなるやん！　すごいやん！」と感心しながら、「いいバレーしてるなー」と思って見ていました。

その時の代表は僕にとって完全に手の届かない存在で、目標の中に入っていなかったので、自分が置いていかれるというような焦りを感じることもなかったんです。

でもやっぱり人間、欲が出るんですよね。

最初は、スパイクを打てただけで喜びを感じたんですが、だんだん「このままじゃダメだ」と納得できなくなってくるし、こんなんじゃ試合で通用しないなと、試合への欲が出てくる。その欲を貪欲《どんよく》に追い続けて復帰までたどり着いて、またみんなとバレーができるようになったら、「もう一度代表に選ばれたい」「オリンピックに出たい」という欲がどんどん大きくなっていきました。

その時には「西田に負けたくない」という思いも芽生えていましたね。

背中を押した奇跡の出会い

右膝《ひざ》の怪我から復帰した2019年、僕は再び日本代表に招集され、その年10月に日本で開催されたワールドカップで、国際大会への復帰を果たすことができました。

そのワールドカップ初日のイタリア戦の第1セット、23－16の場面で、関田《せきた》誠大《まさひろ》に代わってワンポイントブロッカーとして僕がコートに入ると、会場を埋め尽くしたお客さんが、温かい拍手を送ってくれました。

「本当につらい思いもしたけど、頑張ってきてよかったな」と思いましたし、自分のプレーで恩返ししたいという思いも強くなりました。

ただ、その思いとは裏腹に、その時はまだ膝の状態が万全には遠く、期待に応《こた》えられるようなプレーができていませんでした。大会の登録メンバー16人の中から、試合ごとに14人がベンチ入りする形式だったのですが、僕は14人から外れる試合もあり、悔しかったし、自信もなくしていました。

もう辞退しようかな。そんな考えも頭をよぎっていました。

そんな中、ベンチ入りメンバーから外れた日の午前中、僕は1人で試合会場のマリンメッセ福岡のトレーニングルームに行ってトレーニングを行い、終わると、会場の前で手を挙げてタクシーを拾いました。

ホテルに着いて、そのタクシーを降りようとした時、運転手さんに声をかけられました。

「谷村孝《たにむらこう》のオヤジです」

僕がパナソニックや日本代表でお世話になった先輩・谷村孝さんのお父さんだったのです。

孝さんと出会ったのは、僕がまだ大学生だった頃です。日本代表のB代表の合宿や試合でよく一緒になっていたんですが、すごく後輩思いの人で、しょっちゅう「ご飯行くぞ」と連れていってくれました。大学卒業後はパナソニックでチームメイトになり、そこでも可愛がってくれました。僕には4歳上の兄がいるんですが、孝さんとも4歳離れていて、僕にとっては本当にお兄ちゃんみたいな存在で、慕っていました。一緒にご飯を食べにいったり、飲んだり、部屋に泊まりにいったり、ずっとくっついていましたね。

孝さんは2016年5月に現役を引退し、2017年9月3日に急逝しました。亡くなったことを聞いた時は信じられませんでした。

まさか、もう会えないなんて……。

それ以来、鹿児島県の薩摩《さつま》川内《せんだい》で代表合宿がある時は、休みの日に福澤と一緒に、孝さんの地元の福岡にあるお墓にお参りをしていました。

その福岡の街中で、たくさんのタクシーが走っている中、たまたま止まってくれた車が孝さんのお父さんのタクシーだったなんて、信じられない偶然ですよね。

「孝がお世話になりました」と言われて、僕はまだ何が起こったのかよくわからないまま、降りぎわだったので「こちらこそありがとうございます」というぐらいしか言葉を返せなかったんですが、その後、ジワジワと「奇跡が起こったぞ」という感動があふれてきました。

孝さんが「頑張れよ」と言ってくれている気がして、「やっぱ頑張らないかんな」と気持ちを立て直し、あの苦しい時期を乗り切ることができました。

予期せぬ東京五輪の〝延期〟

2019年のワールドカップで、日本は4位入賞を果たしました。僕自身は出場機会が少なく悔しい思いをしましたが、翌年の2020年に予定されていた東京五輪に向けて、日本は確実に強くなっていると示した大会でした。

その後に開幕した2019－20シーズンのVリーグで、僕は開幕戦から先発出場し、レギュラーラウンドで、全選手中7位の52・2%というスパイク決定率を残すことができ、サーブ効果率でも3位に入ることができました。

ファイナルでジェイテクトSTINGSに敗れて準優勝に終わったことは非常に悔しかったですが、右膝の怪我から復帰したばかりだった前年に比べたら、状態は上がっていました。

2018年2月に右膝の怪我を負った時、左膝の靱帯《じんたい》を右膝に移植する手術を行ったのですが、その際、神戸大附属病院の荒木大輔先生には、「靱帯が馴染《なじ》むのには2年ほどかかって、そこからパフォーマンスも上がってくる」と言われていました。

その通りで、最初はなんだか〝他人の膝〟みたいな感じでしっくりこなかったんですけど、少しずつ馴染んできて、「やっと自分の膝になってきたな」と感じ始めていました。

徐々に筋力も戻って、自分の思うように力が入り、動かせるようになってきていたので、これからはパフォーマンスももっと上げていけるんじゃないかと手応えを得ていました。

リーグ終了後は日本代表合宿に招集され、東京五輪のメンバー入りをつかむためにすべてを懸けるつもりでした。

しかしその頃すでに、新型コロナウイルス感染症が世界中に広まり、日本にも影響を及ぼし始めていました。２０２０年2月29日に高崎《たかさき》アリーナで開催されたパナソニック対ジェイテクトのファイナルも、無観客で行われました。

3月以降は、さまざまなスポーツの大会が中止に。

そして3月24日、東京五輪の1年延期が決定しました。

「マジか……」というのが正直な思いでした。僕だけでなくみんなが、そこに照準を合わせてコンディションを上げてきていたので。

こればかりはコントロールできないことなので、どうしようもなかったんですけど、当時33歳のベテランにとってはすごく長い1年、難しい1年だなと思いました。「もう1年、いけるかな」という不安は大きかったです。1年後に、ベストなパフォーマンスに持っていけるのかなと。

若い選手の1年と、ベテランの1年はまったく違う。若い選手は1年で見違えるほどに成長しますから、1年後、メンバー入りを勝ち取ることはベテランにとってはより難しくなります。

でも、これればかりはどうしようもないこと。コロナの収束を目指すことが一番でしたから。それに〝中止〟ではなく〝延期〟だったことは一つの希望でした。だから、この1年でできることをしっかり積み重ねていこうと考えました。

僕自身は東京五輪後も競技生活を続けることを決めていましたから、まだ先に続く現役生活の中のオリンピックが1年ずれただけと捉《とら》えて、諦めるのではなく、「もっと成長できる」と考えて過ごすことにしました。マイナスのことを考えるとマイナスの方向にしか行かないので、無理矢理にでもプラスに考えながら。

僕の場合、そこからの1年の間にもっともやらなければいけないことは、右膝を少しでもいい状態に持っていくことでした。

3月24日に東京五輪の延期が決まってからも、代表合宿は4月6日に解散になるまで行われていましたが、僕は先に合宿を離れパナソニックに戻りました。合宿で実戦練習をするよりも、少しでも早く右膝のメンテナンスとコンディションアップを図りたかったからです。

2018年2月に大怪我をしてから、1年弱でVリーグに復帰し、2019年は代表にも戻りました。そして19-20シーズンのVリーグではレギュラーとしてファイナルまで戦いました。復帰以降、まだ万全ではなかった右膝をずっと酷使し続けていたので、ここで一旦《いったん》無理をやめて、もう一度立て直すために、新しい治療も始めました。

PRP(多血小板血漿《けっしょう》)療法という治療です。自分の血を取って、そこからPRPを抽出し、それを膝の関節内に注入して治癒力を高めるというもの。すぐによくなるというわけではないんですが、数ヶ月、半年というような長いスパンで、膝が悪くなるのを止めて、よくしていくための治療です。それは時間ができたからこそ試せた治療法でした。

また、代表に行くと1年中試合をすることになり、じっくりと体作りをすることがなかなかできなかったので、膝以外の体作りという部分でも時間を有効に使いたいと考えました。僕らは年齢的に体のキレが、若い選手に比べたらだんだん落ちてきてしまうので、トレーニングで補うこともしっかりやっていこうと。

4月に緊急事態宣言が出てからは、チームの活動が休止になり、基本的に自宅で過ごさなければいけなかったので、もどかしい部分はありましたけどね。それでもできることをやろうと、ゆっくりお風呂《ふろ》に入って、体のメンテナンスに当てました。もともと僕はお風呂が大好きなのであまりストレスなく過ごせましたね。1時間半から2時間ぐらいお風呂に入って、サウナに切り替えたり、交代浴をしたりしてしっかり汗を流し、お風呂から出たら1時間半ほどかけてストレッチをしました。しっかりと自分の体を見つめ直して、いずれパフォーマンスを上げられるように。そして1年後に、「この時期があったからこそ」と思えるようにしたいと考えながら1日1日を過ごしていました。

バレーボールができるのは当たり前のことじゃない、というのは、怪我をするたびにいつも感じていたことですが、コロナ禍においても痛感しましたね。

メンバー選考の舞台裏

そして2021年、東京五輪に向けた1年がスタートしました。

僕はコンディションを上げて２０２０-21シーズンのVリーグを戦い抜くことができ、東京五輪前最後の国際大会であるネーションズリーグに臨みました。

世界中から16チームが参加するネーションズリーグは、予選ラウンドが12試合行われ、2連戦、３連戦もあるハードな大会です。その年は新型コロナウイルスの影響でまだ各国への移動が制限されていたため、全出場チームがイタリアに集まって大会が開催され、約1ヶ月間、ホテルと試合会場の中だけに行動が制限された、精神的にも肉体的にも厳しい大会でした。

加えて、選手にとっては東京五輪のメンバー選考に向けた最後のアピールの場でもありました。ネーションズリーグに臨んだ日本代表メンバーは17人。東京五輪に出場できるのは12人でした。

大会が終盤を迎えた6月20日、東京五輪に出場する12名が選手たちに伝えられました。落選した選手が、中垣内《なかがいち》祐一《ゆういち》監督、フィリップ・ブランコーチのいる部屋に１人ずつ呼ばれ、呼ばれなかった選手が東京五輪代表メンバー12名に入るという形式でした。

僕が自分の部屋にいると、福澤達哉がやってきて、「ちょっと来て」と言われ、そのまま一緒に福澤の部屋に行きました。

「落ちたわー」

福澤にそう告げられました。福澤は監督に呼ばれ、落選を伝えられたのです。僕は呼ばれなかったので、メンバーに残ることができたということ。福澤の落選と、自分のメンバー入りを同時に知ることになりました。

「マジか……」

その時は、自分が選ばれたことに対して嬉《うれ》しいという気持ちはあまりなくて、「福澤と一緒に行きたかった」という思いのほうが強くありました。福澤がそこまでやってきた過程も、思いも知っていたので、本当に残念で、言葉が出てこなくて……。無言の時間が続きました。

「一緒にやりたかったなー」

ようやく絞り出したのがこの言葉でした。それしか言えませんでした。

すると福澤がこう言ったんです。

「最低でもオレら2人のうち1人が選ばれてよかったし、それがオレじゃなくて清水でよかった。今まで何度も挫折《ざせつ》を味わったり、怪我をしてきたのを隣で見てきたから、こうやって最後に大きなチャンスをつかめたのが、本当にオレじゃなくて清水でよかった」

自分が落選を告げられた直後にですよ。そんなこと言えますか？

福澤は2016年にリオデジャネイロ五輪に出場できなかった時、一度は引退しようと考えていたんです。それを僕が引き留めました。

「ロンドンもリオも出場を逃して、このまま終わるより、4年後の東京五輪は（自国開催のため）日本の出場は決まっているから、東京五輪でもう一度代表に選ばれて、勝って、笑顔で終わろうや。負けたままで終わるより、最後、笑って終わったほうが絶対にいい。あと4年、一緒に頑張ろうや」と言って。

それから、福澤は1年1年、東京五輪にたどり着くためのベストな道を選択し続けて、2シーズン、フランスリーグにも行きました。

僕が右膝の怪我から代表に復帰してからは、「東京五輪で現地集合」が2人の合言葉になっていました。福澤がこう言ったんです。

「こっちもこっちで、自分のことでいっぱいいっぱいやから、清水のこと気遣ってられへんで。人のことを引っ張り上げる余裕はないから。東京タワーを見ながら肩組んで、『一緒になんとかしようぜ』って言ってたあの頃とは違うから。とりあえずお互い、自分の道を行って、最後、東京五輪で現地集合しような」

僕は怪我から復帰したばかりで、五輪に行けるかどうかわからないし、福澤も熾烈《しれつ》なアウトサイドのポジション争いの中、必死で1年1年勝負を懸けていました。東京五輪に懸ける思いの強さは一緒だったと思います。

それなのに、「オレじゃなくて清水でよかった」って……。

福澤の器の大きさ、人間性というものがその時にすごく見えました。僕が逆の立場だったら、そんなことが言えるかな？　と考えましたが、そんな言葉は出てこないと思う。やっぱり福澤ってすごいなと、人間的な差を見せつけられた思いでした。

福澤にはあの時言えなかったんですけど、「福澤のためにも、福澤の思いも乗せて、五輪では絶対に頑張ろう」という思いでした。

這いつくばってでも

ただ、メンバーには選ばれたものの、僕自身は右膝の状態が悪化しており、それから約1ヵ月後に開幕する東京五輪の舞台にちゃんとたどり着けるのか、大きな不安を抱えていました。

同じオポジットのポジションの西田が、ネーションズリーグ前の紅白戦で怪我をしてしまったため、大会の前半はほとんどの試合で僕が先発出場しました。紅白戦ぐらいまでは調子がよかったんですが、ネーションズリーグで試合を重ねるにつれて、右膝が悲鳴をあげるようになりました。試合に出続けることによる負担もあったかもしれませんが、それ以上に大きかったのが、飛行機での長時間の移動や、日本とは違う海外の環境下で長期間過ごさなければならないことでした。

怪我から復帰して以降は、ゆっくりお風呂に入って温めながら、膝の曲げ伸ばしを繰り返すといったケアを欠かさず行っていたのですが、ネーションズリーグ中に滞在していたイタリアのホテルにはバスタブがありませんでした。海外ではよくあることなんですが、思うようなケアができないまま時間が経ってしまい、膝が固まった状態で練習や試合を重ねていたことでどんどん悪化し、痛みが日に日に増していました。

怪我から約1年かけて復帰したあとも、痛みが完全に消えることはありませんでした。止まっていて動き出した時は痛いし、何もしなくてもずっと立っていたら痛くなってくるなど、不具合は常にありました。前十字靱帯1本だけなら、こんな痛みはなくできると思うんですが、僕は半月板も軟骨も、内側側副靱帯も、全部やってしまっているので、その代償はやはり大きかったですね。

前十字靱帯も内側側副靱帯も切ってしまい、手術はしたんですが、そこがどうしても緩いので、骨同士が当たって欠けてしまうなど、少しずつ変形していくそうです。僕は体重も重いので、着地の際の衝撃で少しずつ悪くなっていく。そうして欠けた骨が遊離体になって隙間に入ったりすると激しい痛みが出ます。

10がマックスの痛みだとしたら、復帰後も常に3ぐらいの痛みはあって、6を超えたらちょっと危険かな、耐えられないかなという感じだったんですが、東京五輪前のあの頃は10ぐらいまで行ってしまっていて、普通に歩く時でさえ足を引きずっているような状態でしたし、試合前のウォーミングアップだけで冷や汗をかくほどの痛みでした。痛み止めの薬を飲んでも効かないし、痛みで夜も眠れないし。

追い討ちをかけたのがイタリアから帰国する際の長時間の移動です。10時間以上まともに足を動かすことができなかったので、日本に着いた時にはさらに悪化していました。

病院に行って治療を受けたかったのですが、当時は帰国後に隔離期間があったので、すぐに病院に行くこともできませんでした。ジリジリとしながら隔離が明けるのを待ち、その後、病院に行きました。

痛みを取り除くにはクリーニング手術を行わなければいけないんですが、その時期に手術をしていたら東京五輪にとても間に合いません。痛み止めの注射を打つなど、その時できる限りのことをして、持ちこたえるしかありませんでした。

なんとか持ってくれよと祈りながら、五輪開幕までの日数を指折り数えていました。

13年の時を超えて

7月24日、東京五輪の初戦を迎えました。僕の膝はギリギリの状態でしたが、ドクターやトレーナーさんたちのおかげで、なんとかその舞台にたどり着くことができました。

「やっとこの舞台に戻ってこられたな」

ロンドン、リオデジャネイロを逃していましたから、２００８年北京五輪以来、13年ぶりの五輪でした。

北京五輪の時は、当時主将だった荻野正二さんが、１９９２年バルセロナ五輪から16年越しに五輪をつなぎました。それと一緒にするのはおこがましいですが、僕も13年かけて、なんとか五輪をつなぐことができ、ホッと胸をなでおろしました。

初戦のベネズエラ戦、第1、第2、第3セットとも、僕はセッターの藤井直伸《ふじいなおのぶ》とともに2枚替えでセット途中にコートに入りました。第2セットまでは得点チャンスがなかったのですが、第3セット19−12の場面で、藤井から、ライトで助走に入っていた僕にトスが上がってきました。

僕は目の前のブロッカーの右手に当ててブロックアウトを奪いました。オリンピックでは13年ぶりの得点です。

膝の状態もよくなかったし、全然ジャンプはできていなかったんですけど、狙い通りのブロックアウトでした。たぶん若い頃の僕だったら、思いっ切り打って、思いっ切りブロックされていたと思います（笑）。

右膝を怪我してから、以前のジャンプ力にはなかなか戻りませんでしたが、その分、相手のブロックを利用したり、硬軟織り交ぜたり、タイミングをずらしたり、得点を奪うための技の選択肢を増やしていきました。それを生かせた、泥臭い得点だったと思います。

その後も、今のこの足の状態でこのジャンプ力だったら、この決め方しかない、という選択肢を瞬時に選んで打っていました。ドドーンと決めたスパイクも、フェイントでチョンと落としたスパイクも、同じ1点ですから。

そしてその試合、日本はセットカウント3－0で勝利しました。北京五輪ではかなえられなかった1勝、五輪では1992年バルセロナ五輪以来29年ぶりとなる1勝を、日本は挙げることができました。福澤はもちろん、一緒に北京五輪に出場したみんなの思いを背負って東京五輪のコートに立っているつもりでしたから、「北京五輪で成し遂げられなかったことがやっとできた」と。

きっと僕以外の若い選手たちにとってはそんなことは関係なく、ただ単に予選ラウンドを突破するための1勝だったと思いますが、僕にとっては特別な重みのある1勝でしたし、「一つの呪縛《じゅばく》から解き放たれたな」という感覚でした。

あのベネズエラ戦の後、福澤からLINEがきました。

「1勝おめでとう。北京世代の思いをすべて背負って、北京の借りを返してくれたから、これからは自分の挑戦として、自分のためにオリンピックを戦ってほしい」

胸が熱くなりました。

僕はこう返しました。

「福澤の分まで、思いを乗っけて打ってるからな」

壁を越えて、決勝トーナメントへ

東京五輪で一番印象に残っているのは、予選ラウンド最後のイラン戦です。それまで日本もイランも2勝を挙げていて、この直接対決に勝ったほうが決勝トーナメントに進むことができるという大一番でした。

セットカウント2－2で迎えた第5セットの立ち上がり、キャプテンの石川が、2連続でサービスエースを奪って一気に流れを引き寄せました。

「チームを勝たせるんだ！」という気迫をみなぎらせて、背中でみんなを引っ張っていく姿が本当にすごくて、頼もしくなったなと感じました。あの姿は東京五輪で今も一番強烈に覚えていますね。

その第5セット、日本は15－13で競り勝ち、バルセロナ五輪以来29年ぶりに予選ラウンドを突破しました。

以前の日本はフルセットに持ち込むけれど勝てないという試合が多かった。北京五輪の時も、中国にフルセットの末、敗れていました。

でも東京五輪ではあの大一番で、フルセットの激戦をものにすることができました。フルセットになればどちらに転んでもおかしくないのですが、この時、日本が勝てた要因を挙げるなら、サーブ力とディフェンス力でしょうか。

石川が連続サービスエースを奪ったように、石川、西田を中心にサーブの威力は格段に上がって、日本の武器になっていましたし、ディフェンス力も高かった。身長がない分、ブロックでのポイントは少ないんですが、ブロックでタッチを取ってからのディフェンスでチャンスを作ることはすごく多くありました。相手の癖をデータで分析して、的確に守備陣を配置し、つなげていく組織的な戦い方が機能していました。相手にすれば、打っても打っても拾われるので、何回も打たなきゃいけなくなって我慢しきれなくなったり、より厳しいコースを狙ったりしてミスが出る。それはディフェンスによる得点ですよね。

当時19歳だった髙橋藍《たかはしらん》の加入も大きかった。ディグの読みがよくてめちゃくちゃ拾いますし、サーブレシーブも本当に安定しているので、彼が日本代表に入ったことによって、より一層ディフェンス力が高まりました。まるでリベロが2人いるような状態で、相手のスパイカーからすればすごく嫌だったと思います。

そうした持ち味を、長い試合になっても集中力を切らすことなく発揮できたから、あの、予選ラウンド突破がかかったフルセットの試合にも勝つことができたんじゃないでしょうか。

しかも、イランを相手に。

僕らの世代はずっと、世界の強豪の仲間入りをしたイランの壁に跳ね返されてきました。そのイランを倒して決勝トーナメント進出を決められたことは、僕にとって非常に大きなことでしたし、日本にとっても一つの転換期だったんじゃないでしょうか。

イタリア・セリエAでも活躍したイランのセッター、ミルサイード・マルーフラクラニ（マルーフ）や、ミドルブロッカーのセイエドモハンマド・ムーサビエラギ（セイエド）は僕や福澤と年齢が近く、ジュニアの頃からアジアや世界の舞台で何度も対戦してきました。

東京五輪の前のネーションズリーグで会った時も、僕と福澤とマルーフの3人で、「オレたちもいい歳になったな」って話をしていたんですよ。

マルーフは、「イランもどんどん若い選手が入ってきて、オレよりも、オレの息子の方が歳が近いんだよ（苦笑）。オレたちも東京で最後だな」なんて、ちょっと感慨深げに語っていました。

福澤は東京五輪のメンバーに選ばれなかった時点で現役引退を発表しましたし、マルーフも代表は東京五輪が最後と決めていたようで、日本に敗れたあと、涙をぬぐっていました。僕も含めてですが、アジアのライバルだった日本とイラン両チームの世代交代の象徴なのかなと感じました。

敗戦のあとに見えた未来

準々決勝では、前回のリオデジャネイロ五輪で金メダルを獲得した、世界ランキング1位（当時）のブラジルと対戦しました。日本はブラジル相手にも臆《おく》することなく躍動し、競り合う場面はあったものの、セット終盤に力の差を見せられ0－3で敗れました。東京五輪での日本の戦いは幕を閉じました。

ベスト8で敗れましたが、僕自身は晴れやかな気持ちでした。代表は東京五輪を最後に引退すると決めていました。そこで、一つの目標としていた予選突破を果たすことができ、胸を張って終われる大会だったと感じましたし、やりきったという思いがありました。

すべてを出し尽くした東京五輪（後列左から３人目）

石川をはじめ、他の選手たちはみんな悔し涙を流していましたが、その姿がまた頼もしく映りました。日本は2大会、オリンピックに出場することができていなかったのに、29年ぶりに決勝トーナメントに進出できて、世界ランキング1位のブラジルにもいい試合ができた。それでも、少しも満足することなく、心の底から悔しがっているんですから。

この経験を糧に、この先みんなはまた一皮も二皮もむけてますます強くなるだろうと、希望しかありませんでした。だから、あとはみんなに託そうと。

あの五輪期間だけでも、1試合ごとにみんな目に見えてたくましく、強くなっていたので、本当に素晴らしかったですね。

石川、西田、他にも次から次にみんながハグしに来てくれて、僕も「ありがとう」って、感謝の涙があふれてきたんですけど、最後は笑顔で終わろうと決めていたので、泣き笑いでしたね。

日本がなかなか勝てない時代があって、苦しい経験もしてきましたけど、最後は笑って終わることができた。終わりよければすべてよし、です。

みんなが落ち込んでいるように見えたので、最後にこう話しました。

「今まで何十年もできなかったことを、この12人がやり遂げたんだから、胸張って終わろうよ。この経験が、またさらにみんなを強くする。本当に頼もしい選手ばかりなので、これからは、オレはテレビで応援するな。次のパリ五輪に向けて、頑張れよ」

第７章

個性あふれる日本代表メンバーの素顔

日本が世界大会でメダル獲得

東京五輪から2年が経った２０２３年夏。日本代表は、ネーションズリーグの予選ラウンドで開幕10連勝の快進撃を見せました。東京五輪の準々決勝で敗れたブラジルに対しても、フルセットの激戦をものにし、公式戦で実に30年ぶりとなる勝利を挙げました。予選ラウンド最後にイタリア、ポーランドに敗れて首位の座は明け渡しましたが、10勝２敗の２位でファイナルラウンドに進出。準々決勝で予選7位のスロベニアをセットカウント３－０で破り、ネーションズリーグで初のベスト４進出を果たしました。

東京五輪は準々決勝で敗れて最終成績は7位。２０２２年のネーションズリーグも準々決勝で東京五輪金メダルのフランスに敗れて5位でした。ずっと跳ね返されていたベスト４への壁を、ついに破ったのです。

準決勝では優勝したポーランドに惜しくも敗れましたが、3位決定戦で、２０２２年の世界選手権王者・イタリアに、フルセットで競り勝ち、銅メダルを獲得しました。

僕も出場していた２００９年のワールドグランドチャンピオンズカップで銅メダルを獲

得したことはありましたが、あの大会は、各大陸王者と開催国・日本の6チームのみが参加する大会でしたから、出場チームの多い主要な世界大会でのメダルは、１９７７年のワールドカップ以来、46年ぶりの快挙でした。

日本は着実に強くなっています。どんな強豪相手にも引けを取らなくなった。持ち味のディフェンスから流れを持ってくることができていますね。

ネーションズリーグでは、強豪と言われるチームと対戦していても、20点以降（＊25点先取）、日本のほうが余裕を持って戦えているように見えました。終盤に凡ミスをしないし、つなぎの部分でしっかりとスパイカーが打ち切れる二段トスを誰でも上げられるとか、ブロックフォローにしっかり入るとか、そういう数字に表れないプレーが、日本のほうが精度高くできているので、20点以降、勝ち切れるし、たとえ2点ぐらいビハインドだったとしても追いつくチャンスが生まれてくるんじゃないでしょうか。

他のチームはそうした数字に表れにくいプレーで雑なところがあって、見ていてもったいないなと思うことがあります。日本よりもランキングが上のチームでもそういう部分は見えますね。ブラジルでさえ、終盤にミスが出たり、打ち切れずに返したりしていました。日本は、今まで緻密《ちみつ》に練習で積み重ねてきた成果が出ているんじゃないでしょうか。

日本は石川を中心によくリバウンドを取って攻め直しますが、そのリバウンドをフォローする髙橋藍やリベロの山本智大《やまもとともひろ》の位置どりがいいし、ただフォローするんじゃなく、できるだけ1本目を高く上げて、トスを上げやすくするなど、質がいい。

こういうシチュエーションではここにフォローに入る、ということもチーム内でしっかり確立されていて、ボールが床に落ちるまで、誰もサボることなく、常にみんなが動き続けています。

以前は、個々の力がどんどん伸びているなと感じていましたが、今はそれに加えてチーム力が上がりました。日本はそれぞれの役割がはっきりしていて、全員がそれを果たしています。守備を期待されている選手はしっかり守って、ポイントを取る選手は取って、リザーブの選手が入った時にも、しっかりと結果を残す。チームとしてうまくバランスが取れているので、そこも強さに磨きがかかっている要因かなと思います。

今のチームは、全体的に若いこともあると思いますが、みんな仲がいい。僕らが若い頃はやっぱり、ベテラン選手に話しかけるのはちょっと怖いな、という雰囲気がまだ少しありましたが、今の代表選手たちを見ていたらそういうのが全然ないんです。先輩後輩関係なく、日頃からどんどんコミュニケーションを取り合うから、この選手はこういう性格で、というのが自然とわかって、それが試合でも生きているのかなと感じます。

若い選手が多いので、経験を積めば積むほどそれが身になってすごい速度で成長していますま。髙橋藍はイタリア・セリエAでプレーしたことで随分攻撃力が上がりましたし、オポジットの宮浦健人《みやうらけんと》もポーランドリーグを経験して、攻撃のコースの幅がすごく広くなって、本当に頼もしくなりました。

そして一番大きいのはセッター関田誠大の存在ではないでしょうか。スパイカー陣の操り方が本当にうまい。どこからでもポイントを取ってくるので、相手からすればデータを取りにくいと思います。

1人1人、本当に成長を感じる部分がたくさんあるので、ここからは、2024年のパリ五輪を目指す監督、選手について、僕が一緒にプレーしたことのある人を中心に紹介させてください。

フィリップ・ブラン監督

日本代表のフィリップ・ブラン監督は、フランス出身で、中垣内祐一前監督のもとではコーチを務め、東京五輪後に監督に就任しました。ブランさんは、選手のことをめちゃくちゃ細かく見ています。僕の場合は右膝《ひざ》が悪かったので、どうやれば大会までにコンディションを上げていけるかという道しるべを作ってくれて、すごくやりやすかったです。

戦術も非常に細かいです。「こういうシチュエーションの時はここにブロックがついて、ディグはこっちに入る」といった配置をこと細かく指示されて、それが自然とできるようになるまで、徹底的に練習を繰り返します。特にディグの位置やブロックフォローの入り方については細かく決まっていて、できるまでは口酸っぱく言われます。細かいんですけど、それはすごく重要なことで、それをブランさんがコーチに就任した2017年からずっと積み重ねて精度を上げてきたから、今、日本のブロックディフェンスが機能し、つなぎやブロックフォローの部分でも世界の上位なんじゃないかと思います。

要求は細かいんですけど、選手に対しては褒めることのほうが多くて、ミスに対して詰めるというよりは、どうやったらうまくなるのかを突き詰める、長所を伸ばすタイプだと思います。

だから今のチームはミスを怖がらない。昔だったら、例えば1本サーブをミスすると、「なんでミスするんだ」と怒られて、僕らの場合はだんだん消極的になって、打てなくなってしまっていたんですけど、今はもう、崩せるならどんどん攻めていこうという方針なので、だいぶ違うなと思います。

それに、パナソニックのロラン・ティリ監督もそうなんですけど、ブランさんも、引き出しがものすごく豊富です。1週間の練習の中でもいろんなバリエーションのメニューがありますし、「こういう練習をしたい」とか「ここを伸ばしたい」という相談をしたら、それに合った練習方法を教えてくれるので、長年の蓄積、指導者の技量というものをすごく感じました。

石川祐希主将（パワーバレー・ミラノ）・アウトサイドヒッター

第6章でも触れましたが、東京五輪で僕の脳裏に一番強烈に焼き付いているシーンは、予選ラウンド最後のイラン戦・第5セット。スタートするなり石川が渾身《こんしん》のサーブで2連続エースを奪い、鬼気迫る表情でチームを鼓舞した場面でした。

「オレがチームを勝たせるんだ！」という気迫と覚悟がビシビシと伝わってきて、本当に頼もしかったですね。

石川と出会ったのは、彼が大学1年だった2014年に、初めて日本代表合宿に参加した時ですが、その頃はどちらかというとクールな印象でした。まだ遠慮していた部分もあったのかもしれませんが、あまり感情を出すタイプではなく、スパイクを決めてもそこまで喜ばず、淡々とやっていました。

でも年々、特に2021年にキャプテンになってからは、「自分が引っ張っていくんだ」という思いが前面に出て、キャプテンシーを発揮するようになりました。

それまでも〝エース〟だったんですが、そのエース感にプラスして、頼りになる〝キャプテン〟感も兼ね備わって、本当に絶対的な存在になりましたね。

あくまでも僕の印象ですが、キャプテンになる前は、「周りじゃなくて自分」というか、「自分が頑張ればいい」というスタンスでプレーしているように感じました。でもキャプテンになってからは、ミーティングでも率先して話すようになりましたし、周りをよく見て、「周りをどう動かしていけばいいか」「みんなにどうやって火をつけたらいいか」というのをすごく考えながら、一緒に戦おうというスタイルに変わっていったように感じます。「全員で立ち向かっていくぞ」という意志がすごく伝わってきます。みんなのベクトルを同じ方向に向けさせるのがすごくうまいですね。

以前はみんなの前で話すのはあまり好きじゃなかったと思うので、正直、「そんなこともできるんや」と驚きました。

基本的に彼はプレーで引っ張るタイプのキャプテンだと思いますが、それだけでなく、ここで勢いが欲しいという時には、わざと大げさに喜んだり、チームを盛り上げる行動をする。昔だったら絶対にしなかっただろうなということも、今はあえてやっているんだと思いますし、どんどん体で表現するようになっているので、すごく変わったなと感じます。

でもよく考えたら石川ももう28歳の年ですか。最初に出会った時は18歳でしたから、あれからもう10年近く経つんですね。

僕も2014年から16年まで代表でキャプテンをやらせてもらいました。あの時は、永野健さんだったり米さん（米山裕太《よねやまゆうた》・東レアローズ）だったり、年齢が上の選手が多かったし、福澤達哉もいたので、いろいろな人に助けてもらっていましたから、石川キャプテンに比べたら全然、何もしていないようなものです（笑）。

僕も言葉よりプレーで引っ張っていくタイプだったので、練習でも試合でも、「ついてこい！」という思いではやっていましたけどね。

石川は性格的には、めちゃくちゃ負けず嫌いですね（笑）。普段の練習の最初にウォーミングアップを兼ねてちょっとしたボールゲームをやるんですが、それすら負けたら相当悔しがりますから。そういう部分では、いい意味で変わらない、子供みたいな一面も残していますね。

西田有志（パナソニックパンサーズ）・オポジット

僕と同じポジション・オポジットの西田は、とにかくバケモノですね（笑）。西田が高校3年生で、ジェイテクトの内定選手としてVリーグの試合に出ていた時に初めて対戦したんですけど、あの頃は正直、「小さくてよく跳ぶけど、そこまでかな」という印象でした。それが、みるみるうちに成長して、その年に日本代表に初選出され、代表で世界の舞台を経験したらまたどんどんすごくなっていった。僕はその年、右膝の怪我で代表には行っていなかったんですけど、外から見ていても猛スピードで成長しているのがわかりました。

それ以降も、トレーニングを積んで体が大きくなるにつれ、パワーもついていった。スイングが速く、なおかつ全身の力をスパイクに乗せられる。本当にすごくて、「バケモノやな」としか言えません。

身長は186㎝と、オポジットとしては世界の中では非常に小柄ですが、全身がバネのようで、ものすごくジャンプするし、スイングもめちゃくちゃ速いから勝負できる。彼は手が長いわけではないので、だからこそ速いスイングができるのかもしれませんが、あのスイングの速さは日本でおそらく一番。だからブロックが完成する前に打てるし、なおかつパワーもあるので決められる。ものすごいポテンシャルの持ち主です。

サーブも大きな武器ですね。彼のサーブはあまり回転しないので、その分、サーブレシーブをするのが難しいんですが、普通は、ボールの回転数が少ないとスピードが出にくいんですよ。でも彼はスイングが速いし、パワーがあるので、トップレベルのスピードが出せる。爆発力が半端じゃないので、乗ったら止まりません。

Vリーグで西田がいたジェイテクトと対戦していた時は、点差が4、5点あっても、次に西田のサーブで5点巻き返されるかもしれないという怖さが常にありました。それだけ彼のサーブの威力はすごい。西田マジックですね。

ただ彼は僕と同じで、痛いところがあっても隠してやってしまうタイプなので、そこは少し心配ですね。彼は身長が小さく、その分、毎回全力で、常人ではできないジャンプをするので、体には相当負担がかかっていると思います。彼のバレーボール人生はまだまだ先が長いし、プロ選手でもあるので、コンディショニングやケアは本当に大事。そこは若いうちから気をつけてやっていってほしいですね。

性格的には、本当に物怖《ものお》じしない。繊細な部分もあるんですけど、特に年上の人との接し方がうまい。僕が若い頃は、例えば山本隆弘さんや宇佐美大輔さんといった先輩の前では緊張しましたし、冗談なんてあまり言えませんでしたが、西田の場合はそこを取っ払ってグイグイくる。コミュニケーション能力が高いというか、気さくというか、そこは本当にすごいなと思うし、可愛がられるタイプだと思います。

僕が初めて西田と話したのは、僕が右膝の怪我から復帰して、代表に戻った２０１９年です。

僕が代表に合流した時に、西田が「清水さーん！」とすぐに寄ってきて、話しかけてきました。最初に言われたのが、「僕のお母さんも膝、清水さんと同じ怪我してたんっすよ。大変やったでしょー！」ですよ。こいつすごいなと思いました（笑）。

当時、僕は32歳で西田は19歳。そんな年の差なんてお構いなしでしたね。

それに、国際大会の試合後、全世界に配信されるＦＩＶＢ（国際バレーボール連盟）公式のコートインタビューに、英語で堂々と答えているのもすごい。

２０２１－22シーズンにイタリア・セリエＡで１シーズンプレーしたとはいえ、まだ流暢《りゅうちょう》というわけではないと思います。でも文法や細かいことは気にせず、思い浮かんだ言葉を胸を張って発信する姿勢、あの度胸は本当に尊敬します。外国人タイプですよね。「あいつほんますごいな」と思って見ていました。「使ってる単語、毎回ほぼ一緒やな」とも思いながら（笑）。

２０２２－23シーズンに、彼はパナソニックに加入しました。チームが強くなるための選手なので非常に嬉《うれ》しいですし、歓迎しています。パナソニックはちょっと優勝から遠ざかっているので、日本一を目指して一緒に戦っていけたらいいなと思っています。

ライバル？　いやいや、彼は僕なんてもう眼中にないです（笑）。

宮浦健人（パリ・バレー）・オポジット

宮浦とは一緒にプレーをしたことはないんですが、２０２３年のネーションズリーグでの活躍は素晴らしかったですね。

2021年の東京五輪のあとに行われたアジア選手権で代表でのプレーを初めて見ましたが、イランとの決勝戦では、西田に比べるとちょっと物足りないな、という印象を持ちました。ジェイテクトで対戦した時も、それほど怖さは感じませんでした。

でも、2022‐23シーズンにポーランドリーグに行って、激変しましたね。これは僕だけじゃなく、みんなが感じていることだと思いますが。

明らかに体格が変わりましたし、ボールの質も変わった。本当にすべてのスケールが大きくなって帰ってきたなという印象です。体が大きくなって、パワーもついたので、球が重くなって、ブロックを飛ばすことができるようになりましたし、スパイクコースの幅が広がりました。

ポーランドでは出場機会が少なかったと聞いていますが、それでもあれだけ成長して帰ってこられたのは、彼の意識の高さと頑張りがあったからだと思います。常に高さとパワーのあるレベルの高い選手たちと練習でき、その中でいろいろなものを吸収したから、今のパフォーマンスになっている。石川も以前、「海外で高いブロックを相手に練習していると、打点が高くなるし打ち方が変わってくる」と言っていました。

宮浦は左利きですが、レフトから打つことを苦にしないし、もちろんライトからも、バックアタックでも、打てるコースの幅が広いし、フォームがキレイで打ち方がうまい。西田はどちらかというと、めちゃくちゃスイングが速くて、ポテンシャルの高さでバンバン決めるタイプ。宮浦はどちらかというとブロックをしっかり見て、柔軟にかわしていく。ブロックに囲まれたとしても、うまく当ててコート外へ飛ばしてしまう。同じ左利きですが違ったタイプですね。なおかつ爆発力もあります。

サーブもスピードとパワーがあって、しかもミスが少ないので非常にいい。

ネーションズリーグ予選ラウンドの名古屋大会の時に、宮浦はフランス戦の途中から出場して活躍しました。僕はその試合で解説をさせてもらっていたので、試合後、少し話をしました。

「めちゃめちゃすごくなったな！」と話しかけたら、「そんなことないですよー」という感じで、めちゃくちゃ謙虚！

「ウソやん！　普通あれだけ活躍したら、鼻伸びるで」と驚きました。

西田と宮浦、それに西山大翔《にしやまひろと》（パナソニック）も含めた3人のオポジットは、楽しみで仕方がないです。他にも新しい選手がまた出てくるでしょうから、どんどん切磋琢磨《せっさたくま》して、もっとうまくなっていってほしいですね。

髙橋藍（日本体育大学／モンツァ）・アウトサイドヒッター

髙橋藍と最初に会ったのは、２０２０年に彼が初めて日本代表合宿に参加した時でした。まだ高校を卒業するかしないかの時期で、当時はそれほど強い印象は受けませんでした。サーブレシーブやディグはその時からよかったんですけど、スパイクについてはそこまで通用していなかったので、正直、ディフェンス要員かなというイメージでした。

でも、２０２１－22シーズンから2年間、イタリア・セリエAのパドヴァでプレーしてから、「ここまですごくなる？」というぐらい変わりました。特に22－23シーズンにレギュラーとしてシーズンを通して試合に出場してからですね。

以前は、どちらかというと彼はストレートのコースで勝負して点数を取っていくタイプでした。ストレートを抜いたり、ストレートのコースでブロックアウトを奪うというのが多かったと思う。でもイタリアで経験を積んでからは、インナーのコースで決めることが多くなりました。あれができることによってかなりコース幅が広がり、スパイクの能力が格段に上がりました。もともとフェイントなどもうまかったですし。ブロックが複数ついた時は、以前ならブロックの奥を狙って打って、タッチを取られることが多かったんですが、今は2枚ブロックが揃ってもそのインナーを抜くことができています。

今、Aパス（＊セッターの定位置への返球）からの攻撃に関しては、日本代表の中で藍が一番決めるんじゃないかと思っています。

それぐらい攻撃力が上がっていますし、サーブもすごくよくなりました。ショートサーブ（＊レシーバーの前を狙ったサーブ）を覚えて、その質がどんどん上がっていますし、バリエーションも広がりました。

日本に欠かせない守備の要であり、攻撃の要にもなってきたので、本当にすごい選手だと思います。しかもまだ22歳ですからね。本当に若い選手というのは1年で見違えるぐらい成長する。だから今の学生たちは、「自分は選ばれていないから」と諦《あきら》めることなく、頑張ってほしいなと思います。

性格は、めちゃくちゃいい子です。真面目で、バレーに対して熱い。どんな時も常にバレーが一番にあって、バレーがうまくなるために、必要なものを食べて、休息をとって、という感じ。

〝バレー版・大谷翔平《おおたにしょうへい》〟だと僕は思いますね。

そこは石川も似ていますけどね。バレーが一番というのは、まあみんなそうなんですけど、それが鮮明に見えるのが特に藍と石川の2人です。

藍はまだ大学生ですけど、意識が高い。僕が大学生の時にそこまでバレーに対して意識を高く持ってできていたかというと、できていませんでした（苦笑）。女性人気がすごいし、インスタグラムのフォロワー数も160万人を超えている。僕だったらウハウハ状態ですよ（笑）。でも彼は浮つくことなく、やっぱり常にバレーが一番なんです。そこがすごいし、だから、〝バレー版・大谷翔平〟だと感じるんです。

大塚達宣（パナソニックパンサーズ）・アウトサイドヒッター

大塚達宣《おおつかたつのり》は「ザ・オールラウンダー」。なんでもできます。他のプレーに比べればブロックはちょっと苦手かもしれませんが、スパイクもサーブも守備もなんでもできて、ポテンシャルも高い。彼はミスが非常に少ないので、計算できる選手です。

彼は中学生時代、パナソニックパンサーズジュニアに所属していたんですが、パンサーズジュニアでは一般的な中学生の大会のネット（2m30cm）よりも高い成人用の2m43cmのネットで練習していたこともあり、打つ時にしっかりと肘《ひじ》を伸ばして、高い打点から相手コートの奥に打つという理想的なフォームが身についています。だから高いブロックが相手でも、その上から打てますし、ブロックタッチの飛ばし方もすごくうまいです。

性格はめちゃくちゃ明るいですね。彼はパナソニックの本拠地である大阪府枚方市出身なんですけど、「大阪人やなー」って感じです。よくしゃべりますし、関西人のノリもあって面白いし、頭もキレる。なんだかあいつとしゃべっていると、福澤としゃべっているような感覚になります（笑）。似てるなと思いますね。

部室でもワイワイやっていますし、あいつが落ち込んでいるところをあまり見たことがありません。本当に雰囲気を明るくする存在です。

柳田将洋（東京グレートベアーズ）・アウトサイドヒッター

柳田はキャプテンシーをしっかり持っていて、どこにいてもチームの中心となる、頼もしい選手です。

2014年に初めて柳田が日本代表に合流した時、僕は同部屋でした。年齢が少し離れていましたし、お互いに人見知りというのもあって、最初は全然しゃべれなくて（苦笑）。「怖いと思われてるんやろな」と思ったので、僕が気を遣って、いつも米さんの部屋に行って、自分の部屋にいないようにしていました。それが1年、2年と経つうちにすごく打ち解けて、今ではよくご飯にも行く仲になりました。

彼は常にポジティブで、あまりマイナスなことは考えず、自分のためだけでなくバレー界のために、どうしていけばいいのかを考えています。バレーに対して本当に熱い男です。

柳田と一緒にいると面白いんですよね。福澤も一緒によくご飯に行っていたんですけど、柳田は誰にでも会話を合わせられるので、一緒にいて僕らも気を遣わないし、楽しい。

それと、昔から思っていることなんですが、柳田も、石川も、強い相手であればあるほど、そして大きな舞台になればなるほど、実力以上の力が出るというか、120%、130%の力が出る選手。だから相手にすると、「ここで柳田にサーブが回ってきたら嫌だな」と思うし、案の定、そこでサービスエースを取ったり、ブレイクにつなげたりする。

日本代表でもVリーグでも、何度そういうシーンを目にしたかわかりません。

そこは本当に「持ってる男やな！」と僕は思います。応援されればされるほど、力を発揮できるのが〝ザ・柳田〟ですね。

高梨健太（ウルフドッグス名古屋）・アウトサイドヒッター

高梨健太《たかなしけんた》は、すごく礼儀正しくて物静かなんですけど、面白いんです。あまり冗談とかは言わないんですけど、「なんかあいついるといいよね」というタイプなんですよね。グイグイ会話に入ってくるわけじゃないんですけど、ずっと笑っている。口下手なところもあるんですが、すごくいい子ですね。

高梨の一番の持ち味はブロックだと思います。サイドのブロッカーの中では、僕は高梨のブロックはめちゃくちゃ嫌ですね。位置取り、タイミングがいいし、手の出し方がキレイで、完成の速さはアウトサイドヒッターの中でトップだと思います。ミドルブロッカーの髙橋健太郎《たかはしけんたろう》のブロックと並んだら、もう抜くところがなくなります。

それに、二段トスの打ち方がめちゃくちゃうまい。特に相手ブロックが3枚来た時に、しっかり当ててブロックを飛ばして決める技術がすごい。

サーブもいいですし、トータルとしてレベルが高く、計算できる選手。途中から入って流れを変えられる選手の1人でもあります。

彼は大学時代オポジットをやっていて、今、アウトサイドであそこまでの選手になっている。相当練習したんだろうなと思います。サーブレシーブもいいですし、まだまだ伸び代があるんじゃないでしょうか。

関田誠大（ジェイテクトSTINGS）・セッター

先ほども触れましたが、今の日本の要になっているのが、セッターの関田だと感じます。トスが冴《さ》え渡っていますね。

日本には石川や髙橋藍、西田、宮浦といった決定力のある選手がサイドにいるので、20点以降やデュースの場面、劣勢の展開の時などには、心理的にそこに上げたくなるものです。相手もそこをマークする。でも関田はあえてミドルブロッカーを使ったりするので本当にすごい。それが相手の印象には残るので、後々の布石にもなる。だから最後まで相手は、ミドルが来るかもしれないし、エースに上がるかもしれないと、絞ることができない。サーブレシーブが少々ネットから離れても、クイックやパイプ攻撃を使って真ん中を通すので、本当に的を絞れないんですよね。そういうことが年々うまくなっています。

それに、「あえて使う」ということも多い。例えば、ラリー中に藍がディグを上げて、体勢を崩したら、相手のミドルブロッカーはもうそこは使わないだろうと考えます。そこを「あえて」使う。そして藍もそこにしっかり走り込んでいる。そういうことは練習からいつもやっているからこそできるんでしょうけど、関田の技量は年々熟しています。ディフェンスもすごくいいですしね。

また、セットごとに明らかに戦い方を変えていることもあります。おそらく相手にデータを取られていることをわかっていて、そうしているんでしょうね。

僕は関田が日本代表に入る前、パナソニックでも一緒にやっていました。最初からうまかったんですけど、そこに加えて、スパイカーの使い方が年々よくなっているし、相手をだます嫌らしさが出てきているように感じます。いい意味で、遊んでいるような感覚があるんじゃないですかね。相手の裏をかいたりするのを楽しんでいるように見えますし、それはすごくいいと思います。

それに、ものすごく相手ブロックを見ている。相手チームのセッターやウィークブロッカーの場所をしっかり確認していて、相手がブロックチェンジしていたら、すかさずそこに上げるので、すごく視野が広がっていると感じます。

ボールから目を離して相手ブロックを確認するというのは、すごく難しいと思うんですが、最近よくそういう姿を見ます。ボールから目線を外す練習はパナソニックにいた時からコツコツやっていましたね。

関田は2016年のリオデジャネイロ五輪世界最終予選で日本代表入りしたんですけど、その翌年は代表から外れました。その時は落ち込んでいたので、僕と永野健さんでご飯に連れていったら、「ここから死ぬ気でやります！　僕は絶対に代表で活躍したいんです！」と言っていて、練習もめちゃくちゃ頑張っていた。すごく向上心があるし、挫折《ざせつ》を力にして頑張るタイプなんだなとその時に思いました。

今年30歳になる年ですよね。ちょうど脂が乗っていていい時期なんでしょうね。でもセッターは息が長いので、まだまだやれる。今は攻撃陣に多彩なスターが集まっているので、プレッシャーもあるかもしれませんが、楽しいと思いますよ。どこに上げても決めてくれるので。ますます自由自在に、思うがままに操ってほしいですね。

どんどん味が出てきているので、40歳ぐらいになったらもう誰もブロックできないぐらい、すごいトスを上げるんじゃないかと思いながら見ています（笑）。

深津旭弘（東京グレートベアーズ）・セッター

深津《ふかつ》旭弘《あきひろ》は東海大の1年後輩だったので、大学3年間、ずっとトスを上げてもらっていました。これまで日本代表にはあまり縁がなかったのに、36歳になる2023年に、代表メンバーに選出されました。

「マジかお前」と、最初はちょっと笑ってしまったんですけど、ネーションズリーグのメンバーにも選ばれて、途中出場でしっかり役割を果たすなど、活躍しているのを見て、「すごいなお前」に変わりました。

この歳になって評価されて選ばれるって、すごいことだと思います。

セッターは経験を積めば積むほどうまくなっていくと思うんですが、彼はまさにそう。それに彼はチームを明るくできる存在。年齢的にはベテランですけど、若い子たちにとってもコミュニケーションを取りやすく、下の子たちに気を遣わせないというのが彼の持ち味だと思います。

あいつには大学時代の3年間、僕がみっちりライトのトスを上げてもらったんで、ライトのトスに関しては自信を持っていると思いますよ。僕が育てましたから（笑）。

僕は彼のトスがめちゃくちゃ打ちやすかったですし、同じサウスポーのオポジットである西田や宮浦もおそらく打ちやすいんじゃないでしょうか。

山内晶大（パナソニックパンサーズ）・ミドルブロッカー

山内晶大《やまうちあきひろ》とはパナソニックでもチームメイトですが、彼は特にスパイクがすごく伸びましたね。

彼が大学3年だった2014年に初めて日本代表で会ったんですが、当時まだバレー歴が5年ぐらいで、うまくはありませんでした。どちらかというとお客さんというか、練習生というか、将来有望な長身選手の枠で最初は入っていたと思うんですが、自分ができなくて悔しい思いをして、そこから努力して少しずつうまくなっていったんじゃないでしょうか。

もう彼も30歳ですか。この10年近くですごく成長しましたね。

以前は、身長２０４㎝という高さがあるのに、クイックでその高さを生かしきれていなかったんですけど、最近は高さを生かしたクイックを打っているし、なおかつコースの幅も広くなっているので、日本では誰も止められない。世界が相手でも、山内を生かす関田のトスもあいまって、止められなくなっています。

それに加えてサーブも年々よくなっています。高い打点から落ちてくる、相手が取りづらいサーブになっているので、山内のサーブの時にブレイクする場面が増えています。

山内は、昔から変わらないですね。僕らの前では猫をかぶっています（笑）。でも一緒にご飯を食べたり、飲んだりすると、殻を破って、すごく陽気でうるさくなります。

もともとは自分から前に出ていくタイプではないと思いますが、パナソニックでキャプテンになってから、自分が引っ張らなきゃいけない、自分の思いを伝えなきゃいけない、周りの選手がどう思っているのかを聞かなきゃいけない、という思いが芽生えて、以前よりしゃべろうとしているのを感じますし、率先してキャプテンの仕事をしようとしています。それが代表での成長にもつながっているんじゃないでしょうか。

頼もしい存在になっていますが、ブロックはまだまだうまくなると思う。身長があるし、ジャンプ力もあるので、手の出し方やタイミングが改善されたら、もっと止められると思います。経験や駆け引きの部分が研ぎ澄まされていけば、まだまだもう一皮も二皮もむけるんじゃないでしょうか。

小野寺太志（サントリーサンバーズ）・ミドルブロッカー

小野寺太志《おのでらたいし》はミドル界のオールラウンダーです。なんでもできちゃう。スパイク、ブロック、サーブ、すべてのアベレージが高いんですけど、それ以外にもディグやつなぎのトスの精度、チャンスボールの返球などもすごくレベルが高い。そういう数字に表れないプレーもすごく上手です。トスが少し乱れた時のクイックの対処もうまいですしね。戦力分析の5角形があるとしたら、どれかが飛び抜けているというよりは、すべての能力が安定して高いのが小野寺かなと思います。その5角形が年々大きくなっていきます。

Vリーグではずっと対戦してきましたが、正直、ブロッカーとしては僕は個人的にあまり嫌なタイプではないです。小野寺は、あまりブロックの手を動かすタイプじゃなく、キレイに前に出すタイプなので。僕は駆け引きして動かしてくるタイプが嫌いなんです。ブロックを見て打つので、「ここが空いてるな」と思って打つ瞬間に、そこに手を出されると、もう止められない。そういう面では富松崇彰さんが一番嫌でした。

小野寺は、同じミドルの山内や髙橋健太郎と3人でいつも一緒にいて、その中ではよくしゃべっていますね。

でも僕は東海大の先輩だからか、あまり冗談とかを言ってくれないので、そこはちょっと寂しいんですけど（笑）。でもいい後輩です。

髙橋健太郎（東レアローズ）・ミドルブロッカー

健太郎はポテンシャルお化けですね（笑）。

ポテンシャルは本当にすごくて、世界のトップクラスだと思います。高さも、ブロック力もあるし、スパイクも、最近すごくよくなっています。もともとAクイックが得意でしたが、Bクイックも打てるようになっているし、攻撃の幅も広くなってきました。身長もジャンプ力もあって、とにかく打点が高いので、いい状態で使ったら彼のクイックは絶対止められない。

ブロックも、手の出し方がキレイですし、位置どりとタイミングは東レで一緒にやっていた富松さん仕込みなので、めちゃくちゃうまい。だから結構僕は健太郎のブロックは嫌ですね。移動も速いし、腕がガバッと出てきて、外国人選手のようなブロックです。

ただ、怪我が多いので、コンディショニングが非常に大事になってくるのかなと。彼ももう28歳で、それほど若くはないですから、体作りや試合への持っていき方を慎重にコントロールしないといけないと思います。ポテンシャルは間違いなく日本ナンバーワンだと思うので。

性格は、目立ちたがり屋で一番のお調子者。でも繊細で、ガラスのハートの持ち主でもあります。結構すぐに自信をなくして、落ち込んでしまう。でも1本いいスパイクが決まったら、「オレもういけるぜ!」みたいな感じで、すぐに立ち直る。結構浮き沈みが激しいですね(笑)。

彼はめちゃくちゃピュアで、僕らが冗談で言ったことをすぐに真に受けるので面白いです。〝ザ・ピュア〟ないいやつです。

山本智大（パナソニックパンサーズ）・リベロ

トモ（山本智大）は間違いなく世界ナンバーワン・ディガーでしょう。

とにかくディグがめちゃくちゃいい。位置どりがいいし、胸だろうが足元だろうが関係なく、手の届く範囲なら全部上げられる能力がある。それはなかなかできないことです。

とにかく嗅覚《きゅうかく》がすごい。「なんでここにいたの？」ということがよくあります。

もちろん相手スパイカーなどのデータはあるんですけど、試合の流れの中で、嗅覚でしか判断できないところもあって、彼はその嗅覚が鋭い。ディグでも、ブロックフォローでも。それは彼の持って生まれた天性のもの。たぶん彼の中では、この選手のこういう状況の時には、ここに入っておけばボールがくるな、というのを、試合を通してちょっとずつ微調整するんでしょうね。その微調整のやり方がすごくうまいから、ボールが上げられるんだと思います。

あれだけブロックフォローしてくれたら、味方のスパイカーとしては心強い。やっぱり1本ブロックされるのと、フォローしてもらうのでは全然違いますから、トモがいることによって「助かった！」と思っているスパイカーはたくさんいると思います。

逆に、相手側のコートにいたらめちゃくちゃ嫌です。２０２２‐23シーズンからはパナソニックのチームメイトになったのでよかったです（笑）。

僕が代表にいた頃、ＡＢ戦で僕がＢチーム、トモがＡチームだったら、ブロックはいつもストレートのコースが空いているんですけど、そこにはトモが入っているので、あえてブロックがあるほうのクロスにばかり打っていました。ストレートに打って、トモに「チャンス！」と言われて拾われるのが腹立つので、「そっちには打ったらん！」って（笑）。

トモとはサーブとサーブレシーブでもよく勝負していましたね。

性格は人懐っこいです。年上とも年下とも仲良くなれて、ずっとしゃべっているタイプ。トモのことを嫌いな人はいないだろうな、という選手です。


小川智大（ウルフドッグス名古屋）・リベロ

小川智大《おがわともひろ》は、相手の癖を見つけるのがめちゃくちゃうまいし、データをすごく見ますね。彼は能力もすごく高いんですけど、試合前には予習をしっかりやって、ものすごい情報量を叩《たた》き込んで臨むタイプです。

その上で、特にサーブレシーブではバンバン仕掛けていく。相手のやってくることをあらかじめ予想し、先に動いて取りにいったり、強いサーバーのところでは先手を打ってオポジットもレシーバーに入れて４人で取らせたり、まさに〝指揮官〟という感じ。周りをコントロールするのがすごくうまいです。

後ろから指示を出すのはリベロの仕事の一つですが、その点はトモよりも小川のほうが積極的にやっていますね。トモも最近はしっかり声を出すようになってきて、セッターに対しても「ミドルがコミットしてるよ！」とか、状況を伝えていますけどね。

小川には僕もサーブの癖を見抜かれたことがあります。僕は結構ショートサーブと強いサーブで緩急をつけたり、コースを打ち分けたりするんですが、「ショートサーブの癖、見抜きましたよ」と言われて。僕がサーブを打つ瞬間に、「ショート！」って叫ぶんです。実際にバレていました（苦笑）。

本当に少しの差なんですけど、踏み込みが強い時はショートサーブが多い、というのを見抜かれてしまいました。僕に限らず、人の癖を見抜く力が本当にすごくて、スパイクやサーブのコースを瞬時に察して対応する能力は非常に高いです。

ディグもうまいんですけど、やっぱりサーブレシーブが、守備範囲も広いし、天下一品です。加えて、二段トスも率先して上げにいき、トスの質もセッター並みにいい。ジャンプトスも上げられますし、バックトスで相手のミドルブロッカーを振ったり。能力が非常に優れています。

性格は、トモと似ているなと感じます。人懐っこいし、先輩後輩関係なく誰とでもどんどんしゃべる。僕にも練習中に勝負を仕掛けてきて、やりあったり。物怖《ものお》じしないですね。

藤井直伸（東レアローズ）・セッター

2023年3月10日、東京五輪で一緒に戦った藤井直伸が、旅立ちました。あまりにつらく、早すぎる別れでした。

2022年1月、Vリーグの試合に藤井が出場していなかったので、気になって「どうしたん？　何かあったん？」と電話したんです。そうしたら、「ちょっと目が見えづらいんです」と。僕は中学生の時に網膜剝離《はくり》になったことがあったので、その時のことを思い出して、「目の前に自分の手をかざしたら、指が真っ暗で見えなかったりしない？　そういう症状があったら網膜剥離の可能性があるよ」というようなやりとりをしました。その時はまだ原因がわからないということだったので、「何かわかったら教えてや－」と言って、電話を切りました。

それから1ヶ月ほど経った頃、藤井が電話をくれました。

「原因がわかりました」

その声が震えていました。

すぐにただ事ではないと感じて、失明の可能性があるとか、そういうことを想像したんですが、まったく予想もしなかった病名でした。

胃がんのステージ4。

目の症状は、脳へ転移したがんの影響だということでした。

僕は動揺してしまって、なんと声をかけていいかわかりませんでした。藤井は、声を震わせながらも教えてくれたのに、僕はどんな言葉を返していいかわからなくて、「マジか……そうか……」と絞り出すことしかできませんでした。

自分に何か言葉があったらなと思って必死に頭を巡らせたんですけど、その場では出てこなくて。
だから電話を切ったあと、ＬＩＮＥでこのように送りました。

なんて声かけていいか分からんく
てごめんやで

これから先が見えなくて
恐いとか不安とかあるかもしれな
いし
なげやりになるかもしれないけど

そういう時もあっていいし
とことん落ち込んだら

次は立ち上がって
必死に頑張るしかないで
焦らなくてもいいし
自分のペースで前向いて
やってこ！

藤井は１人じゃないんやし
一番近くには奥さんもついてるし

俺たちみんなも応援してるで
みんなの力を使って乗り切ろうな
❗

険しい道のりこそ
克服して
バレーに復帰できた時の
感動は計りきれないで❗

藤井がんばってこー👍
暇な時は連絡してきてな😁❗

俺の場合は
自分のためだけに頑張ろう思ったら

投げたしたくなったり
どうでもよくなったりするから

誰かのためにって思ってがんばってたから

藤井も
これから家族のためにとか
誰かのためにもって思って
日々がんばってこ‼

俺はもう一回藤井のトス打つで👍

復帰したとき
敵チームとか関係なしに
藤井からのトスを思いっきり打つで
俺のためにもって
心の片隅においといてな👍

藤井はこう返信してくれました。

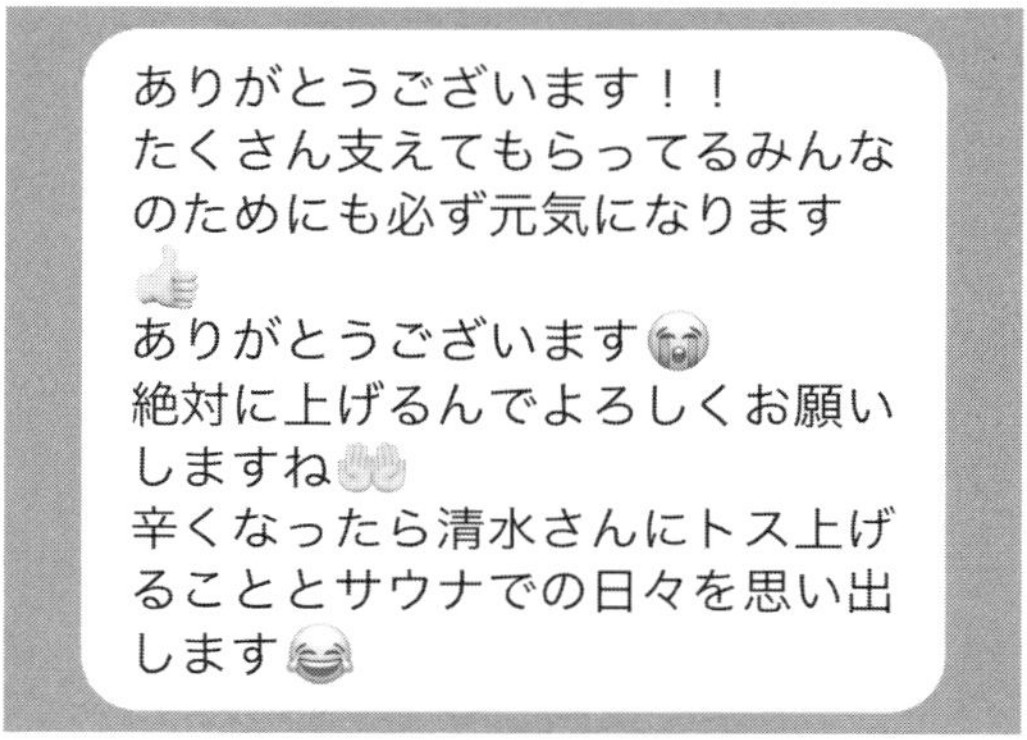
ありがとうございます！！
たくさん支えてもらってるみんなのためにも必ず元気になります👍
ありがとうございます😭
絶対に上げるんでよろしくお願いしますね🤲
辛くなったら清水さんにトス上げることとサウナでの日々を思い出します😂

僕と藤井は〝サウナ友〟でした。僕がサウナ好きにさせたんですけどね。

藤井と初めてちゃんと話したのは、２０１９年の代表合宿でした。僕は右膝の怪我から復帰したばかりでしたし、2016年以来の代表合宿だったので知らない選手も多くて、少し緊張もあったんですが、藤井が「清水さーん！」と向こうから話しかけてくれました。それまでほとんど話したことがなかったのに、人懐っこく寄ってきてくれて、そこからよく話すようになって、気づいたら一番仲がよくなっていました。

ゲーム練習では、僕がもうバテているのに、わざと何度もトスを上げてきて、「清水さん、(ブロックを) 1枚にだけはするんで決めてくださいよ！」と言われて。「こいつ、いいやつやな (笑)」と思っていました。

僕と藤井は2枚替えで一緒に出ることが多かったので、信頼関係は抜群でした。藤井のトスはめちゃくちゃ打ちやすいんです。速さがあって、自分が打ちたいポイントにスーッとボールが伸びてくる感じで。高い位置でセットアップして、手首のスナップで持ってきてくれるので、助走に入りやすかったし、ブロックも見やすかったし、本当に打ちやすかった。「いいトス上げるな！」といつも思っていました。

僕が東京五輪で13年ぶりの得点を決めた時も、トスを上げてくれたのは藤井でした。

藤井は常に「清水さんに上げますよ」と言ってくれていたし、僕もずっと「絶対に持ってこいよ！」と言っていました。

僕はサウナが大好きなので、合宿のオフの日に藤井も連れていくうちに、彼もハマっていって。だからオフの日は藤井とサウナに行って、帰りにうまい飯を食って帰るというのがお決まりのルーティーンになり、ずっと一緒に過ごしました。

ずっとふざけあってきた仲だったので、病気がわかってからも、深刻に思い詰めた言葉をかけるというより、「最近なんのYouTube見てんの？」という感じで連絡し、他愛のない会話をしました。心配の言葉はもうみんなにかけてもらって、聞き飽きているだろうと思ったので。

「今、猫の動画を見てるんです」

「猫派やったん？　オレ犬派なんやけどなー」

そんな感じの話ばかり。その間だけでも、少しでもつらいことが和らげばいいな、プラス思考になれればいいなと思って。

藤井もいつも前向きな感じで連絡をくれて、本当にすごいなと思っていました。落ち込んだ時ももちろんあったと思いますが、そういう時にも奥さんの美弥《みや》さんがしっかり支えてくれたから、前向きに治療に専念できたんだと思います。

「奥さんに尻《しり》叩かれました」とか、「奥さんが本当に元気に、前向きにしてくれるんで、

2022年5月、福澤と一緒に会いに行くと藤井は笑顔で迎えてくれた

頑張ります」という話をよくしていました。

藤井が退院している時期には会いにもいきました。2022－23シーズンの開幕前に会った時には、「だいぶよくなっているんです。脳のがんもかなり小さくなっています」と言っていたので、「これだったらまたサウナにも行けるぞ」なんて話していました。

2023年の年明けからは体調がよくないということを聞いていて、だけどそのたびに藤井は頑張って持ち直していました。でも……。

3月10日、藤井が亡くなったことを知りました。

信じられなくて、受け入れられなくて、ポカーンという感じでした。でもそれまで、奇跡的に何度も持ち直していたという経緯を聞いていたので、「藤井、めっちゃよく頑張ったな」と、空を見上げながら思いました。心にぽっかりと穴が空いて、寂しくてたまらなかったけど。

その直後の週末は、僕も東レの試合が気になって、自分の試合が終わったらすぐに東レの試合をインターネットで観ました。12日の試合で東レが堺《さかい》ブレイザーズに勝ってシーズン21勝目を挙げ、藤井の背番号「21番」のユニフォームを掲げている姿を見て、僕も泣きました。

お通夜に参列させていただいたんですが、本当にたくさんの方々が来ていて、藤井らしいお別れだなと思いました。

藤井の顔を見た時、いろんな感情があふれてきました。「よく頑張ったな」という思いが一番でした。でもその時、なんだかしんみりしたお別れをしてしまったことが心残りで。今までじゃれあって、ふざけあって、楽しい話ばかりしてきたのに。だから立ち去ることができず、外で最後まで待って、他の選手たちと一緒にもう一度会いにいきました。

みんな泣き笑いしながら、「いい顔してるな」「でも起きる時間やで！」などと口々に藤井に声をかけてお別れをしました。しんみりとお別れするより、みんなで輪になって藤井を囲んで話しながら、笑って送り出せたのはよかったんじゃないかなと思っています。

藤井の病気がわかった時、僕はこう言いました。

「お前がよくなるまで、オレもずっと現役続けるから、またトス上げてな。絶対、それ打つから！」

それは叶《かな》わなかったですけど、藤井は頑張ってくれました。つらい中でもみんなに元気をくれて、僕らの前では弱音は一切吐かずに、ずっとニコニコしていました。

彼は練習中も試合中も、一番喜んで、声を出してくれていたけど、コートの中だけじゃなく、人生を通していつも、そうやってくれていたんですよね。

いつか僕にもお迎えがきて藤井に会えたら、しっかり藤井のトスを打ちたいと思っています。

第8章

ずっとバレーボールとともに

「指標になる」

日本代表でプレーするのは東京五輪が最後。それは東京五輪の前から決めていました。2008年の北京五輪に出場して、そこからもう一度オリンピックに出るんだという思いをずっと持ち続けて、東京五輪に出場することができたので、そこは「やりきったな」と、区切りがつきました。

準々決勝でブラジルに敗れて悔し涙を流すみんなの姿を見て、「これからもっと日本は強くなる」と確信しましたし、頼もしい彼らに任せようと、本当にスッキリした思いで代表生活に幕をおろすことができました。

でも、現役生活は続ける。そこに迷いはありませんでした。

僕は怪我が多かったので、Vリーグに入ってからトータルで2、3年ぐらい棒に振っていましたから、まだまだやり足りなかった。

それに、「指標になる」という目標ができたからです。

きっかけは、右膝《ひざ》の怪我から復帰した2019年に、サッカー元日本代表のゴン（中山《なかやま》雅史《まさし》）さんと、テレビ番組の企画で対談をさせてもらったことでした。

ゴンさんも怪我が多くて、一度引退したけれど、また現役に復帰されていました。対談させていただいた当時は51歳でしたが、J3のチームで現役を続けていました。そのゴンさんが、こうおっしゃっていたんです。

「オレがどうしてここまで長く現役をやっているかというと、指標を示したいから。今は医療が発達して、スポーツ選手の寿命もどんどん延びている。その中で、1人がやり続けて、『ここまでできるんだぞ』という指標ができれば、みんなもっともっと頑張ると思うんだ」

その言葉が、僕にすごく響いたんですよね。

バレーボール界で言えば、アウトサイドヒッターだった荻野正二さんは38歳で北京五輪に出場して、40歳まで現役を続けました。今はミドルブロッカーの松本慶彦《まつもとよしひこ》さん（堺ブレイザーズ）が42歳でバリバリやっています。

それはすごすぎるんですけど（苦笑）、僕もオポジットとして現役でやり続けて指標を示していくのは、カッコいいことなんじゃないかな、と。だから、やれるところまでしっかりやりたいなと思ったんです。

2023年には、サッカー元日本代表のカズ（三浦知良《みうらかずよし》）さんがポルトガルの2部リーグのチームに移籍されました。その時、テレビで「まだまだ自分の中で、満足しきれないという思いがある」というお話をされていました。

それを聞いて、「僕も似てるな」と思ったんです。なんか満足していないというか、まだ頑張れるんじゃないか、もっと頑張れるんじゃないかという気持ちがあるので。

まあカズさんは遥《はる》か遠くにいるレジェンドなんですけど……。まだまだその背中を追いかけられるように、そして僕も、あとに続く人たちに背中を追いかけてもらえる存在になれるように。バレー界のカズさん、ゴンさんのようになれたらな、と思っているんですけどね。まあ僕はもう右膝がボロボロなので、いつまで持ちこたえてくれるか、膝次第なんですけど、とことんやれるところまでやりたいなと思っています。

長く続けられるのはクビアクのおかげ

長く続けられる理由は、やっぱりバレーボールが好きで、「うまくなりたい」という気持ちを持ち続けられていること。そして「まだうまくなれる」と思えているからだと思い

中山雅史さんのような指標になる選手を目指す

ます。

僕がこの歳（37歳）になってもまだ「うまくなりたい」「うまくなれる」と思えるのは、ミハウ・クビアクのおかげかもしれません。

クビはポーランド代表でキャプテンを務めていたアウトサイドヒッターで、2016－17シーズンから22－23シーズンまで7年間、パナソニックでチームメイトとしてプレーしました。

身長は僕よりも低い192㎝で、世界のスパイカーの中では小柄だし、飛び抜けてジャンプ力があるというわけでもないのに、国際大会で結果を残して、強豪ポーランドのキャプテンまで任されているのはどうしてなんだろう？　そんな疑問を持っていたのは僕だけではなかったと思います。

でもクビのプレーを間近で見て、その理由がわかりました。とにかくプレーの引き出しがすごく多くて、アイデアが豊富なんです。お手本となるようなプレーばかりだったので、僕たちみんな、クビのマネをすることに夢中になりました。

フェイント一つにしても、例えば、最初は打つふりをして、トスがネットのアンテナに届くか届かないかのところまで待って、相手ブロッカーの外側の肘《ひじ》をかすめるように落としたり。言葉で説明するのは難しいんですけど、僕たちからしたら「なんでそんなことできんの？」と思うようなことを、笑いながらやってしまう。

スパイクを打つと見せかけてジャンプし、トスを上げる〝フェイクセット〟もそうです。パナソニックでみんながマネしてやるようになり、Ｖリーグの他のチームにも広まりました。

ラリー中などにセッター以外の選手がトスを上げる場面は、昔は「体を向けた方向にしっかり高いトスを上げなさい」というふうに教わりましたが、クビは速いトスを上げたり、バックトスを上げたり、時にはクイックを使ったり。今ではいろいろなチームで普通に見られるようになりましたが、もともとはクビ発信でした。

彼を見ていたらみんな感じると思うんですけど、彼は楽しんでいますよね。だから魅せるプレーができる。僕らはずっと、真面目にやらなきゃいけない、一生懸命やらなきゃいけない、という感じだったんですけど、クビの姿を見てハッとさせられました。もちろん真剣にやっているんですけど、常に遊び心があって、楽しみながらやっているから出てくるプレーもあると思うんです。

クビと出会う前は、スパイクは「思い切り打って決めなきゃいけない」と思っていました。昔はフェイントをしたら怒られたりもしていましたから。でもクビのプレーを見て、「100%の力で打つだけじゃないんだよ」というのを教えてもらった。フェイントをしたり、相手のブロックを利用したり、8割、6割の力で相手コートの真ん中に落としたり。時には利き手と逆の手で打ったり。

彼が来てから、僕のプレーは変わったと思いますし、他のチームでも、彼のプレーをマネしてうまくなった選手はたくさんいます。特にアウトサイドヒッターは、日本中でクビのようなオールラウンダーがすごく増えた気がします。

僕は2018年に負った右膝の大怪我から復帰することができましたが、怪我をする前に比べたら、ジャンプ力は落ちてしまいました。それでも、日本代表の一員として東京五輪の舞台に立つことができ、年齢を重ねた今も現役でプレーできているのは、クビを見て盗んだものがあったからだと思います。

2019年に日本代表に復帰した時、そこからどうやって東京五輪のメンバーをつかめばいいのか考えました。答えは、「計算できる選手になること」。ベテランの自分が求められていること、やるべきことはそこだと。

ミスを減らして、強打一辺倒ではなく、多彩な引き出しから状況に合った選択肢を見つけて、点数につなげていく。それは相手からすればすごく嫌だと思うので、そこをもっと伸ばしていこうと考え、それが実りました。それができたのは、クビの影響で、意識も技術もすでに変えられていたからだと思いますし、今現在もそれが生きています。

ミスをしたりブロックされるか・決まるかの二択の選手だったら、コートには立てない。この年齢で、今の僕のポテンシャルで、何ができるかと言えば、小細工も入れて、相手をだましながらやっていかないと通用しない。時には右手で打ったり、体の向きと違う方向に打ったり、いろんなことを考えてやってきました。

クビを見ていると、「もっと成長したい」「自分ももっとうまくなれるんじゃないか」「もっとバレーボールをやりたいな」という思いになるんです。

それに、クビはすごく家族を大切にします。バレーボールだけに没頭すると、どんどん家族の時間が少なくなっていくんですけど、クビはしっかり家族のための時間を作って、大切にしていた。すごくいい家族だったので、「クビみたいな家族を作りたいな」というのが僕の一つの目標になりました。

彼は2023年の黒鷲旗《くろわしき》を最後に日本を離れることになりましたが、彼から得たものも思い出も本当にたくさんあって、歳下ですけど、すごくリスペクトしている存在です。

彼との練習は楽しくて仕方がなかった。反対のコートに入ったら、毎回競い合っていました。僕がブロックしたり、クビにやり返されたり、ブロックの手を引いて駆け引きしたり。

「クビと対戦できる」というだけでめちゃくちゃテンションが上がって、バレーを始めたばかりの頃の純粋な感覚というか、バレー小僧に戻っていましたね。

またいつかどこかで、一緒にバレーボールをやりたいです。クビは日本が大好きなので、また戻ってくるかもしれませんよ（笑）。

家族の存在がエネルギーに

現役生活を続ける上で、今、新たなモチベーションが生まれています。それは、2022年9月に誕生した長女の存在です。ファンのみなさんは、僕の愛称「ゴリ」にちなんで「コリちゃん」と呼んでくれています。

子供の顔を見るとすごく癒《い》やされますし、自分がしっかりしなきゃいけないな、という思いが強くなりました。以前はどちらかというと誰かに甘えるほうだったので。例えば、福澤に任せておけばいいやとか、会社に任せておこう、親に任せておこうというところがあったんですけど、一つ一つ、自分が何とかしなきゃいけないという思いが芽生えましたね。遅いんですけど（苦笑）。

そして、「お父さんはこんなことしてるんだよ」と、現役でプレーしている姿を生で見せたいというのが、今一番の、僕が頑張る理由になっています。

子供にもバレーをしてほしいということではなく、ただ、プレーしている姿を見てほしい。できれば覚えていてくれるぐらいまで長くやれたら幸せですね。

子供ができると生活が変わりますね。子供を寝かしつけるのと一緒に早く寝るようになりました。パナソニックのチームメイトの深津英臣が以前、子供ができてから夜10時に寝るようになったという話をしていて、その時僕は「お前それじゃ夜の時間ないやん！」と言ったんですけど、まさに僕も今そうなっています（笑）。

夜中に泣くので何回か起きていますけどね。以前は、泣くたびに抱っこして背中をトントンして寝かせなきゃいけなくて、常に寝不足でしたけど、最近はちょっと泣いても、ゴロゴロしてすぐに寝てくれるのでだいぶ楽になりました。

寝不足でしんどい時期もありましたけど、それでも可愛さが勝ちますね。全然苦ではなかったです。子供はみんな可愛いと思っていましたけど、やっぱり自分の子供は格別ですね（笑）。家に帰って子供の顔を見ると疲れが吹き飛びますし、朝起きた時、子供がニコッと笑ったりすると、「今日も1日頑張れるなー」と思ったりして。

ハイハイができるようになって、つかまり立ちをするようになり、少しずつ歩けるようになって、「パパー」と言ってくれるようになって……。少しずついろんなことができるようになるのを見ているのが楽しいですし、それが今の頑張りにつながっています。

奥さんはフリーアナウンサーの坂本七菜《さかもとなな》さんです。

２０１８年に食事会で出会い、意気投合して、それから結構すぐに付き合い始めました。彼女は8歳下なんですがめちゃくちゃしっかりした人で。僕はその頃、右膝の怪我から復帰を目指す中、落ち込んでいた時期だったんですが、彼女はすごく明るくて、こちらも自然体で話せたので、すぐに「あ、この人いいな」と感じました。

家族をすごく大切にするところも素敵だなと思いましたね。ご両親や妹さんに会わせてもらった時も、みんな仲がよくて、一緒にワイワイご飯を食べて、僕が理想としていたようないいご家族だったので、結婚を意識するようになり、２０２２年1月11日に婚姻届けを提出しました。

僕と付き合い始めてから、彼女は勉強してスポーツフードアドバイザーの資格を取ってくれました。僕は自分ではあまり料理をしないので、以前は外食などが多かったんですけど、奥さんは「トップアスリートは食生活をしっかりしないと」と、毎日栄養を考えた食事を作ってくれて、体の内側からサポートしてくれています。

そのご飯がすごく美味しくて。しかも手間暇をかけて品数もたくさん作ってくれます。でも僕はそれを一瞬で食べてしまうので、「作る時間よりも食べる時間のほうが短いね（苦笑）」とよく呆《あき》れられます。お腹が空《す》いていると勢いでバーッと一気に食べてしまうんですけど、もっとゆっくり味わって食べないといけないですね。今では僕も外食が続くと自然に、「家のご飯食べないと体によくないな」と思うようになりました。

それが僕にとっては二度目の結婚でした。

一度目は、歌手の中島美嘉《なかしまみか》さんと２０１４年12月に結婚しました。きっかけは、彼女が僕に会いたいということだったので、ビックリしましたね。彼女は四つ歳上で、頭がすごくいい人なので、会話をしていても楽しくて、僕は人見知りでしたけど、どんどん話しやすくなっていきました。

ただ、結婚しても仕事の関係で彼女は東京、僕は大阪に住んでいたので、休みのたびに行ったり来たりという感じでした。ずっと一緒にいられるわけではなかったので、「付き合ってる時とあんまり変わらないかな」という感じでしたね。遠距離が徐々にストレスになり、お互いの将来のためには、それぞれの道を進んだほうがいいかもねということで、2018年2月に離婚しました。

ただ、お互いに前向きな道を選んだだけで、ケンカ別れというわけではありませんでした。離婚してすぐに、僕は右膝の大怪我をしたんですけど、その時も彼女は「うっそやん！」とビックリしたみたいで、「大丈夫？」と心配してすぐに会いにきてくれました。

3年ちょっとの結婚生活で唯一、一緒にカラオケに行くのだけが嫌でしたね（笑）。彼女の生歌を聴いているだけならよかったんですけど、僕も歌わなきゃいけなくて。僕は全然うまくないんですけど、「めっちゃうまーい！　上手！」って言われるのが恥ずかしくて仕方なくて、あれだけは苦でしたね（笑）。

今、僕がやるべきこと

現役選手である以上、チームで結果を残すことが最優先ですが、代表を引退してからは少し時間もできたので、いろいろな場に出ていって、バレーボールの魅力を多くの人に伝えられるようにと意識しています。

２０２２年の８月には、人気バレーボール漫画『ハイキュー!!』とVリーグのコラボマッチに参加させてもらいました。地元のイベントやバレー教室にもどんどん出ていこうと考えています。

バレーの魅力を伝えることは、自分の使命だと思っています。長年、代表で戦ってきた中で、なかなか結果が出なくて日本は低迷してしまった。その〝つぐない〟というか……。つぐないという言い方はちょっと重いかもしれませんが、でもやっぱり多少はありますね、その気持ちは。

僕らの時代で勝っていたら、もっとバレー人気が上がっていたかもしれないなという話を、よく福澤としていたんです。じゃあ今のこの立ち位置で何ができるかと考えたら、いろいろな場に出ていったり、発信したりして、１人でも多くの人にバレーボールを知ってもらって、興味を持ってもらって、できればプレーしてもらう。バレー人口が増えていけば、その中から有望選手が出てくる可能性も高くなり、日本はさらに強くなる。世界ナンバーワンの選手が出てくる可能性も秘めていますし、そうなったら嬉《うれ》しいですね。

また、2019年に右膝の怪我から復帰して以降、右膝をできるだけいい状態にキープするために、先進的な治療を積極的に取り入れてきました。2020年に新型コロナウイルスの影響で東京五輪が1年延期になった時に取り入れた「PRP（多血小板血漿《けっしょう》）療法」はその一つですし、最近はその上位版である「脂肪幹細胞治療」を受けています。

僕の場合はお尻《しり》から脂肪を吸引し、その中のフレッシュな細胞だけを取り出し、膝に注入します。僕の右膝は軟骨が削れてしまって少なくなっているため、骨と骨が当たって痛みが出てしまうんですが、脂肪幹細胞治療をすると痛みが和らぎました。軟骨は自分で再生できませんが、注入した脂肪幹細胞が、少し軟骨の役割を手助けしてくれるので。

もちろんそうした治療は自分のためなんですが、この先の人たちのためになればという思いもあります。

こうした治療は保険適用外ということもあってアスリートにはまだそれほど広まっていないんですけど、ある意味僕が実験台になってどんどん試して、その効果を実感できれば、今後同じような症状に悩まされる選手の参考になり、選択しやすくなるかなと思って。医療技術はどんどん進歩していますからね。

ずっとバレーボールに携わっていく

これまでの現役生活は必死にやってきましたし、これからも精一杯やっていくつもりですが、もしも巻き戻せるなら、10年ぐらい前に戻って、海外リーグに挑戦してみたいです。海外には行ってみたかった。行っていたら、僕も宮浦みたいになっていたと思います（笑）。

行きたい気持ちはずっとあったんですけど、行動力が足りなかった。特に若い頃は。最後に一歩踏み出して、1人で挑戦しにいく度胸がなかったなと思います。夏場にブラジルのサマーリーグに参加する話はあったんですけど、それは代表活動と重なって実現しませんでした。

最終的にあと何年できるかわかりませんが、できる限り長く現役生活を続けたいですし、現役でいる限りは、毎試合、勝つことが目標。年齢を重ねても「勝ちたい」という欲はまったく衰えません。やっぱり勝ちたいし、スパイクを決めたいんです。

今の日本代表のプレーを見ていて、すごく面白いなと思うので、そういう試合をVリーグでもできるだけ多くしていかなければいけませんね。Vリーグが、野球やサッカー、Bリーグのように満員になって盛り上がって、そして面白いと思ってもらえるスポーツになるように、少しでも貢献したいと思います。

そして現役を引退してからも、バレーに携わりたい。それは、コーチや監督なのか、普及活動なのかはわかりませんが、バレーに携わりながら恩返しをしていきたいという思いがあります。やるのも、見るのも、教えるのも、バレーに関しては全部好きなので。

将来、指導者になりたいという思いはあります。選手であろうが、コーチであろうが、監督であろうが、やっぱり勝負する世界にはずっといたい。常に勝負をし続けてきた身なので、やっぱりそのドキドキ、ワクワク感を、ずっと現場で味わい続けていきたいんです。

過去も現在も未来も、僕の人生の中にはずっと、バレーボールがあり続けます。

特別対談

清水邦広
×
福澤達哉

最年少時代は裏方仕事もバッチリ

――お2人は大学生で日本代表にデビューし、大学4年の時に揃って北京五輪に出場しました。当時の代表合宿ではかなりハードな練習をしていた印象があります。

清水 めちゃくちゃキツかったです。まず身体能力テストを毎月のようにやっていました。

福澤 合宿の最初が測定から始まるから、実質的に休みがないんですよ。体を作っていかないといけないので（苦笑）。

清水 測定って普段使っていない筋肉を使うから、初日から全身筋肉痛になるんです。あの測定、めっちゃキツかったよな。20m走とか、三段跳びとか。

福澤 最高到達点測ったり。でも僕はそこ（身体能力）しかアピールポイントがなかったので、「そこだけは絶対1位になるぞ！」という感じでした。

清水 福澤はダントツ1位やったな。僕は3位ぐらい。最近、当時日本代表のトレーナーだった大石博暁さんの講義を受ける機会があったんですけど、すべての項目を合計したトータルスコアのランキングで上位の選手ほど、選手寿命が長いというデータが出ているそうです。福澤や僕、それに富松（崇彰）さん、米山（裕太）さんとか、上位に入っている人が実際長く現役をやっています。

福澤　当時は、まず世界に負けないフィジカルを、というコンセプトで、とにかくフィジカルを鍛えるという方針だったと思うので。今の学生が当時のメニューを見たらびっくりすると思います。我ながらよく頑張ったなと（笑）。

清水　あれは時代やね。トレーニングは限界まで追い込んで、オールアウトして、食べきれないぐらいの量のご飯が出てきて（苦笑）。

福澤　メイン料理が三つぐらい出てきたな。

清水　でも確かに当時はめちゃくちゃ重いおもりが上がってたよな。僕は今スクワットで100キロぐらいなんですけど、当時は220キロとかでトレーニングしていたので、全然違う。それがバレーボールに生かされていたかどうかはわからないけど（笑）。

福澤　生かされてたと信じたい（笑）。でも、タフな体はできたよね。

清水　スーパータフ。

——お2人は代表合宿で洗濯係などを一緒にやるうちにグッと距離が縮まったとか。

清水 昔は全部、一番年下がやっていましたから。練習の準備も洗濯も。

福澤 どこに行くにしても、チームのバスが到着したら僕らが一番に降りないと怒られるんですよ、（当時監督だった）植田辰哉さんに（苦笑）。スタッフの誰よりも最初に降りて、バスの荷物を下ろす扉のところに待機しておかないといけない。

清水 めっちゃ怒られたな（苦笑）。だから、初めての場所で、いつバスが着くかわからない時はビクビクして（笑）。

福澤 だいたいバスの真ん中ぐらいに座っているんですけど、着きそうになったら半分お尻《しり》を浮かせておいて、2人でササーッと降りる。

清水 着いた瞬間バババババーッてな（笑）。

——今の代表は全然違いますよね？

福澤 全然。今はスタッフが先に降りて荷物を出して、その後ろから選手が出ていって、荷物が残っていたら分担して持っていくという感じ。洗濯も、試合に出ていない選

手が「行くよー」みたいな感じでやりますね。それはまあ時代ですよ、完全に。

――いつ頃から変わったんでしょうか？

福澤　どうですかね。ロンドン五輪の年（2012年）まで我々最年少だったんで。

清水　あれ何歳？　26歳の年か。26まで最年少ってヤバいな（笑）。

――確かにあの頃は次の世代がなかなか出てきていませんでした。でも2008年の北京五輪後から12年にかけては、お2人は完全に中心選手で、試合にも先発出場していましたが、全員分の洗濯など若手の仕事もずっとやっていたんですか？

福澤　そうですすね。僕らそもそも20代前半の頃

清水　に刷り込まれているから。逆に上の人がやっていると気になってしゃーない（笑）。

福澤　そうそう。気を遣うから、「全部置いといてください。やりますから」って。もう慣れたもんで、オレら全部完璧《かんぺき》やったよな。パッパパッパと手際よく、練習の準備も完璧、洗濯も完璧！　ネットを張るのも2人でサーッとやってたな。

清水　たぶん南部正司さんが監督になった2014年あたりから変わっていったんじゃないですかね。若い選手も増えましたけど、僕らも別に「下の選手やれよ」とはならなかったんで。

福澤　確かに。気づいた人が持っていくとか、準備するとか。洗濯もほとんど個人でやるようになったし。

米山さんとか、永野健さんとか、上の人も「やるよー」と言ってくれる環境だったので。

〝オレたちの時代〟を誓い合うも、苦しんだ

――北京五輪で印象に残っていることは？

清水　普段僕らはバレーボール選手としか会う機会がなかったんですけど、バレー以外の有名選手も近くにいたので、それはすごいなと思いましたね。サッカーブラジル代表のロナウジーニョ選手とすれ違って感動しました。開会式の時には隣にテニスの錦織圭《にしこりけい》選手がいて、福澤が「この選手めっちゃすごいで!」と言っていたのを覚えています。もっと他の競技の人と交流すればよかった。そこは後悔しています。

福澤　そういう接点がなかったのはもったいなかったなとすごく思いますね。他に北京の記憶ある?

清水　あんまりないな。

福澤　開会式の記憶はすごくあるけど、試合はあっという間に終わった気がする。

清水　ほんまにあっという間。北京五輪の最終予選で出場権を獲った時には、東京タワーに2人で行って、叫んだけどな。

――なんと叫んだんですか?

福澤　最終予選は我々ほとんど出番がなかったので……。

清水　鬱憤《うっぷん》が溜《た》まっていたよな。

福澤　目の前ですごいプレーを見せられて、こっちも出たくてウズウズしていたんですけど、ほとんど出られなかった。泊まっていた東京プリンスホテルが東京タワーに近かったので見にいって、「キレイやなー」とか言いながら。

清水　その時はまだスカイツリーがなかったから、東京で一番高い塔を見ながら、「次はオレらの番やからなー！」「オレらやったんぞ！」と。

福澤　「次はオレらが連れていくぞ」と。北京の時は〝連れていってもらった感〟がすごく強かったので。あと、「なんで出れへんねん！」とか叫んでいた気がする（笑）。

清水　愚痴もこぼしてたな。「もっと出せよ！」みたいな。

福澤　あの大会は先輩たちのすごさを目の当たりにしました。石島《いしじま》（雄介《ゆうすけ》）さんや越川（優）さんがすごかったし、荻野（正二）さんも。ここで欲しいというところでサービスエースを取ったり、勢いがすごかった。「すげーなー」って、それに圧倒されている部分もあって、そんな自分が悔しくて。だから、そこがオレらのスタートやな。

清水　そうやな。

福澤　北京五輪までは、まだリアリティがなかった。あの頃試合に出ていた人たちは、自分たちでオリンピックをつかみに行っていて、僕らはそれについていってるだけという構図だった。そこに立つためにはもっと貪欲《どんよく》に行かないといけないし、オリンピックはそれだけの〝懸ける大会〟なんだと感じた。そこから一気に、オリンピックというものが、僕と清水の中で特別なものになって、「すべてはそこに行くために！」というのが、当たり前の目標になった。それがよかったのかどうかは、ちょっとわからないです。オリンピックを見過ぎてた感はあるよね。

清水 プレッシャーがすごかったよな。特にロンドン五輪予選の時なんかは。

福澤 「オリンピックを」と思えば思うほど、そのプレッシャーが自分たちに返ってきた。

清水 今の子らはそういうの感じてなさそうやもんな。

福澤 たぶん感じてないと思う。

清水 大会関係なく、「自分たちのバレーを楽しんでやろう」みたいな感じに見える。でも僕らはずっと、五輪予選だけじゃなくどの大会でも、「オリンピックに行くためにはこの大会で結果残さんとヤバいな」みたいな感じで。

福澤 2人同部屋が多かったけど、たいがい寝れてなかったよな？（苦笑）。

清水 寝れてない。ほんーま寝れんかった！　隣で福澤もゴロゴロ寝返りをうってて、

福澤　「あー福澤も寝れてないんやな」と。あまりにも寝れへんわーとなった時、清水が急に宇宙について語り出した。あれ、なんやったっけ？

清水　ハハハ。死についてと、宇宙について語ったな（笑）。「宇宙人っていると思う？」とか「死んだらどこ行くと思う？」みたいな壮大な話を急に始めて。でもそれを真剣に聞いてくれたな。「めちゃくちゃすごいマジシャンなんて、あれ宇宙人やで」とか言って（笑）。今の代表は楽しく、なおかつクオリティ高くという感じだけど、当時は普段の練習からずっと厳しく張り詰めた雰囲気やったもんな。

福澤　北京五輪の時にそのやり方で結果が出て4大会ぶりに出場できたというのがあったので、僕らはそこにすがるしかなかったんですよね。その前の2004年のアテネ五輪予選での敗退を踏まえて、その後、監督に就任した植田さんは、雰囲気や本気度、覚悟というものが緩い、まるきり変えないといけないと考えた。あとになって聞くと、あえて、嫌われてもいいから自分が鬼になって厳しく、チームを締めようとしたそうです。「オリンピックに出れば人生が変わる」とひたすら言い続けてくれて、僕らもそれに感化されたし、オリンピックに行くには、そのやり方は外して

清水　はいけないポイントなんだと、なんの疑問も持たず、そのプレッシャーに打ち勝ったやつだけが行ける場所なんだ、逃げたら終わりだと思いながらやっていました。ただ、その分、苦しかった（苦笑）。

福澤　苦しかったな。NTC（味の素ナショナルトレーニングセンター）での合宿が始まる前はいつも、僕ら2人と永野さん、米（米山）さんで、赤羽駅《あかばね》の「和幸」ってトンカツ屋さんに寄ってからいくんですけど、毎回、みんな無言で食べるんです。「はぁ、これから始まるな」みたいな感じで、まるで最後の晩餐《ばんさん》のように（苦笑）。あの時が一番苦痛やった。

清水　そのあとNTCで受け付けして、そこからアスリートヴィレッジ（合宿所）に行くまでのあの長い渡り廊下のストレート……。

福澤　なーがい長い！　そこを歩く足取りがもう重過ぎて。アスリートヴィレッジに泊まる時には食堂の食券をもらうんですけど、合宿の期間が長いほどその食券が分厚くて。それを手にした瞬間、「うわ、始まるな」と（苦笑）。

清水　今の代表の選手たちはそんな感覚ないでしょうね。

福澤　たぶん楽しくてしゃーないと思いますよ。でも僕らのその頃（ロンドン五輪前）って、楽しさはなかった。厳しさ、つらさがメインだったので。それがダメだったというわけではなく、もうそれは時代だと、仕方のないものだと思うんですけど。

福澤　その時代を知ってるから、今に生きているところがあると思いますし。やっぱり耐性はできていますね。中には理不尽なものや、これキツいなと思うものがあっても、一度、受け入れる耐性はできていて、そこから見えてくるプラスの要素もある。僕は器用なタイプではないので、今の子たちみたいに言われたことをパッと体現できるわけではなかった。目の前の課題をとことん突き詰めて、時間をかけてやり続ける、タフさや継続力みたいなところで生き残ってきたタイプでしたから。

——そうした厳しさやプレッシャーに耐えてやっていただけに、2012年のロンドン五輪出場に届かなかった時というのは……。

清水　一番苦しかったですね。ロンドンの時期は。戦えば戦うほど自信をなくしていました。その前年のワールドカップでも全然勝てなかったので。2009年のワールドグランドチャンピオンズカップで3位になって、イランにもポーランドにも勝って、「オレら、行けんじゃね?」という感じだったのに、そこから1、2年で力の

福澤　差が歴然と出てしまった。イランが本当に強くなっていました。あの時のイランは今の日本みたいな感じやったな。「どこでスイッチ入ったん？」って。

清水　ずっと海外遠征してたよな、イランは。

福澤　日本も努力はしていたと思うんです。でも上を目指すための方法はいくつかあって、我々がとっていた方法ではたどり着けなかった。北京の時には通用していても、時代によってバレーは変わるし、対戦国のレベルも上がっていくので、それに対してアップデートしていかなきゃいけなかった。でもさっきも言ったように、僕らはすがるものがそれしかなかったから。一生懸命やりさえすれば行ける、なんとかなると思ってたな。でも、練習したら追いつける、というもんじゃなかった。

清水　こんだけやってるのに、行けない。そこのギャップはすごかったよね。負のループになってくると、結果的に、大胆にいけなくなるというか、どんどんプレーが縮こまってくる感覚はありました。「日本は背が低いんだからミスをしていたら勝てないんだ」というのがあって、そのミスを出さないために練習を突き詰めていく。それはあっているんですけど、「ミスをしてはいけない」というのに引っ張られることが多かったような気がします。

清水 そのロンドンのあと、日本代表も変わっていき、海外遠征にどんどん行くようになってから海外の高さのある選手との戦い方に慣れていったり、データを利用した緻《ち》密《みつ》な戦い方を取り入れるようになったりして、それが徐々にハマっていきましたね。

福澤 そのあたり、南部監督体制の時は僕は怪我があって抜けていたんですよね（2014年の代表シーズン中に怪我のため離脱。2015年は招集されずブラジルリーグへ。2016年に代表復帰）。

互いをつなぎとめた言葉

――若手選手も加わり明るい兆しは見えていましたが、2016年のリオデジャネイロ五輪予選でも出場権には届きませんでした。その後、引退を考えた福澤さんを、清水選手が引き留めたそうですね。

清水　そうです。次は東京五輪でしたから、負けて、負けて終わるより、最後、笑って終わろうやというのがあったので。福澤に「もう4年、頑張ろうや」と言いました。

――その言葉で気持ちが変わったのですか?

福澤　それですね、完全に。僕らって普段そんな核心をついた話はしないんですよ。ずっと一緒にいすぎて、逆に真面目な話をするのが照れくさい、みたいになっていて。でもその時は清水にテレビの密着取材が入っていた時期で、テレビカメラと一緒に部室に入ってきて、そこにたまたま僕がいた。で、清水がたぶんノリで、

「東京行こうや！　東京目指そうや！」という話をし始めて。それがなかったらたぶんそんな話はしてないと思うんですけど。実際それまで僕は3対7ぐらいの割合で引退に目が向いていました。「バレー続ける」が3で、「引退して社業に進む」が7。それは家族にも伝えていました。リオ五輪予選では僕、何もしてないんですよね。出た時に自分のやりたいことができなかったというのが、一番悔いが残ったところでした。2015－16シーズンにブラジルリーグでプレーして、速い攻撃に手応《ごた》えを得ていました。スピードで相手ブロックが1枚、1枚半になったところを抜く、そのスタイルで勝負するんだと考えて帰ってきました。

清水　めっちゃ速くなってたもんな。

福澤　でも当時の日本代表は石川（祐希）や柳田（将洋）が出てきていて、速い攻撃じゃなく、スパイカーが攻撃の選択肢を幅広く持てるような余裕のあるトスにシフトしていました。その中で僕だけセッターの深津（英臣）に速いトスを要求していたんですけど、だんだん他の人のトスにも影響が出てしまった。その前年のワールドカップで日本は余裕のあるトスで結果が出ていたので、「もうこれはチームに合わせざるを得ないな」と思って、チームのスタイルを優先してしまったんです。でも僕はそのみんなと同じトスでは持ち味を何も発揮できなかった。「あー、ここまでやな」と思いました。やりたいことを押し通せない自分の弱さがあったし、リオが最後と思っていたのに勝負しきれなかった。４年後を考えても、ロンドン、リオを逃してきた選手を、自分が監督やったら東京五輪でなんか選ぶわけない！　というふうに客観的に自分を見ていたところもあって、「もう無理やな」と。オリンピックがすべてだったんで。「オリンピックに行けないならもうやる意味ないな」と。でも清水に「行けるか行けへんかはわからんけど、最後やりきって笑って終われるように、東京までやろうや」と言われたんです。で、その日の夜、家で妻に話しました。「まだやりたい」と。それまでは、東京五輪に選ばれるかどうかの確率や、メリットデメリットで判断していたんです。でもそれを取っ払って、自分がまだやりたいかどうか、やり残したことはないかと考えた時に、「あ、まだやらなあかん。やりたいことがある」と。スピードを追求した攻撃だったり、自分の武器を使ってやれるだけやって、それでダメだったら終わろうと。だから清水の一言で１８０度考えが変わったんです。だからあの密着取材が入ってなかったらどうなってたかわからへんな。

清水　やめてたかもしれない。

福澤　うん、あのタイミングであの部室での一言がなかったら、ほんまにやめてたかもな。

清水　でも僕も逆に福澤に引き留められたことがありましたからね。2019年のワールドカップの時に。2018年2月に右膝《ひざ》を大怪我して、そこから次の年に復帰し、代表にも選ばれたんですけど、ワールドカップでは全然状態がよくなくて、14人のメンバーにも入れない試合が多かったので、落ち込んでて。

福澤　大会中の朝風呂《ぶろ》の時やったかな。「オレもう辞退するわー」とか言ってたな（笑）。「オレもう無理やわ。あんな使われ方するんやったらもうたぶん先ないわ」って。その時に僕は、「いや、お前が東京目指そうって言ったんやから、責任とれや」と（笑）。そう言った記憶はあります。

清水　そう言ってた、言ってた。

福澤　こっちはそれで続けてきたのに、復帰して1年やって、ちょっとあかんぐらいでやめるってなんやねん、って。まあ思い詰めてたのは気づいていましたけどね。同部屋だったし、僕は主力で出ていて、清水はBチームだったりメンバーを外れたりしていたので。コンディションも上がらないし、思うような使われ方もしてもらえないし、僕が活躍しているのを見るのもあの時はつらかっただろうし。

「オレじゃなくて清水でよかった」の真意

――そうして2人で東京五輪を目指していましたが、2020年に予定されていた大会は、新型コロナウイルス感染症の影響で1年延期となりました。2021年に開催された東京五輪は、清水選手はメンバー入りを果たしますが、福澤さんは最後の選考の場となったネーションズリーグ中に落選が告げられました。

清水　福澤は、中垣内（祐一）監督、（フィリップ・）ブランコーチに呼ばれて落選を伝えられた直後に僕を呼んで、「最低でも2人のうち1人が選ばれてよかったし、それがオレじゃなくて清水でよかった」って言ってくれたんです。あの状況で、なんでそんなことが言えるんやろう？　と思ったよ。

福澤　うーん、別にそれは清水に気を遣ってとかじゃなく、本心でした。そもそも、東京五輪を目指していたけど、ロンドンやリオの時みたいに、そこに行くことがすべてではなかったんですよね。やっぱり清水に「行けるかどうかわからないけど、最後笑って終わろうや」と言われたことがベースにあったので。「じゃあその〝笑って終わる〟ために自分ができることはなんだろう?」と考えてやってきて、できることはすべてやったと思えた。もう一度海外に、フランスにも行ったし、プレースタイルも、どれだけセッターの藤井（直伸）や関田（誠大）に無理と言われようが、「速いトス上げて」とひたすら言い続けた。なりふり構わず、自分が生き残れる道を探しながら、やりたいことを突き詰めてやってきた。2019年までは試合に出られていたので、「来年オリンピックやし、行けるかもしれない」という欲は出ていましたけどね。でも1年延期になって、あの年齢（34歳）での1年というのは僕にとってはすごく大きかった……。でもそれを嘆いても仕方がない。そこで守りに入ることもできたんですけど、それはしませんでした。延期になったから、コンディションを優先して、パナソニックに残ってやるという選択肢もあったけど、そこは一切考えていなくて、もう最後まで走り切ろうと、フランスに行きました。若い子が出てきて競争がより厳しくなる中、パナソニックで結果を残すより、海外で「あいつ調子がいいぞ」となったほうが評価は上がるだろうという考えもあって、勝負を懸けた。実際にはフランスで思うように活躍できず、2021年に代表に合流してからも立て続けに怪我が出て、練習にフルで参加できなかった。それでも最後のネーションズリーグまでなんとか生き残り、チャンスはもらえていた。あとはそれを自分がつかむだけの話だったんですけど、届かなかった。でもそれはチャレンジした結果なので、リオの時のような「ああやっておけばよかった」というのはありませんでした。これはもう自分の実力だし、運やなと思って。

清水　そういうことやったんか。

福澤　その僕の隣で清水は一生懸命コンディションを上げて、しっかり結果を出し続けて、つかんだわけですから。だから純粋に、（右膝の大怪我という）あれだけの困難がありながら、清水がつかめてよかったと。こっちもチャレンジはしていたけど、清水は僕が想像する以上の困難を乗り越えてきたのを、一番近くで見ていたから。それはもう完全に〝ギフト〟ですよ。〝神様からのギフト〟やなと思ったので、「お前でよかったよ」という言葉が出てきました。「やれることをやって無理やったらしゃーないな」と受け入れられた。それとは別に、嫉妬《しっと》はもちろんありますよ。「行きたかったな」という思いももちろんありますけど、思いだけでは行けないのは知っていますから。（リオ五輪後の）最後の5年間が一番充実していたので、それを味わえて引退できたのは幸せやったなと思います。

――現在はお2人揃って解説をされることもありますが、今の日本代表をどう見ていますか？

清水　見ていて楽しみで仕方がないですね。どんどん新しい選手が出てきますし、技術もどんどん伸びるし。石川は初めて代表に入った頃からの成長速度がずば抜けていますし。みんな、毎年レベルアップしていて、現状維持という選手がいない。やっているバレーも、魅せるバレーというか、お客さん全員を巻き込む、魅了するプレーができていますよね。漫画の現実バージョンというか。『ハイキュー!!』とか『2・43清陰高校男子バレー部』とかいろんなバレー漫画が出てきている中で、漫画に出てくるようなシチュエーションやプレーが現実の試合の中で出てくるので、見ていてやっぱり、僕たちだけじゃなく、バレーに詳しくない子供たちやお客さんもすごく湧くんだろうなと思いますね。

福澤　ただ日本の男子バレーがこれだけ強くなると、毎回、「あの男子がこんなに強くなって」という声に、心が痛い（苦笑）。

清水　確かにな（苦笑）。

福澤　「はい、〝あの男子〟です」って。もう毎回そこには直面するんですけど（苦笑）。これだけの結果を残せるというのは本当にすごいですし、東京五輪が一つのターニングポイントだったのは間違いなくて。そこはやっぱり清水が、意志を引き継いでそこに立ってくれていたからだと僕は思うんですよね。若い子たちだけで行って、オリンピックというのは簡単に出られるものだと思ってしまったり、オリンピックがどういう舞台かわからないまま進んでいたら、今の成長ってたぶんないと思うんです。過去の、北京の時のあの喜びと、ロンドン、リオで悔しい思いをしてきた選手たちの、「借りを返す」というのを知っている世代がそこにいたから、しっかりと重みを理解した上で、彼らはオリンピックに臨んでいたと思うので。そこはやっぱり一番大きかったんじゃないかなと。その上で、「これをやったら勝てるよね」というのが見えて、リアリティが出てきたと思う。そこから選手のモチベーションがさらに上がったんじゃないかな。リアリティが出てきた瞬間に、人は一気に成長するので。それをやっぱり石川が引っ張っているんですよね。イタリアのトップであれだけ活躍できるというのを目の当たりにしたことで、「オレもいけるんちゃうかな」と思っている髙橋藍とか西田（有志）とか宮浦（健人）とかがついていって。そうした強い個の集合体が強いチームなんですよね。

清水　本当に全員ポテンシャルが高いし、うまい。僕らはポテンシャルは高かったかもしれないけど、技術はまったくなかったからな。そこは環境の違いもあったかもしれんけど。

福澤　それはあるかも。情報量は今のほうが圧倒的に多いので。清水が言うように、僕も今の日本代表、楽しみでしかないんですけど、でもこの前、ちょっと感覚が違うなと思ったのは、清水はもう手放しで「すごいな！」って言うんですよ。でも僕はまだ嫉妬してますからね（笑）。そこはやっぱり、代表での心残りがあるんかな、と思ったりしています。まだいまだに、石川や髙橋藍がイタリアに行っていたり、宮浦がパリ・バレーに行きますという情報を見ると、「ええなー」って思いますもん。その感覚はまだちょっとあるんですよね。

清水　嫉妬はないっすね、僕は（笑）。

――最後に、現役でプレーし続ける清水選手と、新たな世界でスタートを切っている福澤さん、お互いにこれから期待することやエールをお願いします。

清水　福澤は違う道というか、社業に進みましたけど、試合の解説もしていますし、バレーボールには携わっていますから、これからいろんなものをバレー界に還元してくれると思うので、一層バレー界が面白くなっていくんじゃないかなと思いますね。福澤がどんどん上に登りつめて、何かしてくれるんじゃないかと期待しています。

福澤　今、男子バレーが強くなって盛り上がっていて、いわゆる低迷期のど真ん中にいた我々からすると、後輩たちが、自分たちができなかったことを今やってくれているので、そこの楽しみはすごくあります。でもそれとは別に、じゃあ代表だけ強くなっておけばいいんですか？　といったらそうじゃない。他の競技では、例えばサッカーのキングカズ（三浦知良）さんだとか、現代表選手ではなくても、誰もが名前を挙げるような、その競技のレジェンドみたいな人がたくさんいます。でもバレーボールって、あまりいないんですよね。「バレーボールのレジェンド誰ですか？」と言われると……。清水は、たぶんそうなれるポジションにいると思います。それは単にプレーだけじゃなく、取り組む姿勢であったり、発信力であったり、ストーリー性。そういう人として魅力的な選手が増えてくることが、今のバレー人気を定着させるためにはすごく大事。代表が強ければ人気が出るというのはこれまでにもありましたが、一過性のものになってしまっていたので。しっかりと、バレーって楽しいね、バレー選手ってすごいねと惹《ひ》きつけ続けるには、やっぱり人間らしさだったり、そういうものを見せていかないといけないと思うので、清水にはその一コンテンツになってほしい。清水にしかできないポジションだと思うので、いろいろなところに出ていってほしいなと期待しています。

——清水選手ご自身もキングカズこと三浦知良選手は目指すところだとおっしゃっていました。

清水 気持ち的にはまだまだいけますし目指したいです。あとは膝さえよければ、ですね（苦笑）。福澤や同世代の人たちに、「あいつまだやってるで」と呆《あき》れられるぐらいバレーをやり続けたいと思うので、酒のあてにしながら、見ていてほしいなと思いますね。

おわりに

2023年10月8日まで開催されたパリ五輪予選で、日本は見事に出場権を獲得しました。僕は解説もさせてもらいましたが、「本当にすごいチームになったな」と圧倒されました。第2戦でエジプトに敗れ窮地に立たされた時は、改めてこの大会は本当に難しいし、選手たちはつらいだろうなと思いましたが、チームで助け合い、1人1人が不安やプレッシャーをはねのけて、そこから4戦連続ストレート勝ちで五輪切符をつかみ取りました。

福澤達哉から聞いた話ですが、エジプト戦のあと髙橋藍が「ここから大逆転したら、めちゃめちゃカッコよくないですか?」と話していたそうです。それを聞き、そもそもの器の大きさが違うんだなと（笑）。そんなスター選手が勢揃いしているチームなんですよ。

しかも大会中に世界ランキングは4位に浮上。今の日本代表は史上最強です。パリ五輪は、メダルというより〝金メダル〟も狙えるんじゃないかと僕は密かに思っています。

今の日本代表はバケモノ揃いです。しかも、現在主力として戦っている選手たちだけでなく、さらに若い世代には長身で有望な選手がひしめいているので、僕は楽しみで仕方がりません。パリ五輪予選にも出場した甲斐優斗《かいまさと》（専修大学）、アジア大会に出場した高橋慶帆《たかはしけいはん》（法政大学）や西山大翔（パナソニック）はその代表格です。

セッターでは、個人的に山本龍《りゅう》（ディナモ・ブカレスト）に注目しています。ガッツがあるし、ポテンシャルも高いし、身長もあるし、サーブもディフェンスもいい。トスは、僕は打ったことがないのでわかりませんが、セットの位置が高いですし、クイックも打ちやすいんじゃないかなと。将来性がありますよね。パリ五輪後にガッと出てくるんじゃないかと思っていたら、パリ五輪予選でもメンバー入りを果たしました。

サントリーに入社して約3ヶ月で退社し、海外（ルーマニア）リーグに移籍しましたが、その決断力もすごいと思う。自分を奮い立たせて厳しい環境に身を置くというのはなかなかできないことなので、彼は伸びると思います。

バケモノみたいなすごい後輩たちが次々に出てくるのはどうしてなんだろう？　と考えると、スマートフォンの影響というのが一つの要因なんじゃないかと思うんです。

昔は、自分が練習している動画なんてなかなか見ることができませんでした。やろうと思ったら、ビデオカメラで撮って、何度も巻き戻して再生しなきゃいけない。でも今なら、スマホを使って手軽に撮ることができますし、うまい選手や、海外の選手のプレーまで、全部スマホ一つで検索して見ることができる。情報量がものすごく多いので、その中から自分に必要なものを吸収できて、だからどんどん伸びていくんじゃないかと思うんですよね。僕も今の時代に若手として生まれたかったなと、すごく思いますね（苦笑）。

でも〝悔しい〟というよりは、日本のバレー界がこれからどう世界と戦っていくのか、1人のファンとして、見届けていきたいという思いが強いです。

日本代表の試合を見ていて純粋に、勝ったら嬉《うれ》しいし、負けたら悔しい。ワクワクするバレーなので、一視聴者として楽しんでいます。僕もまだ現役選手ですが、「また代表でやりたいな」という思いにはもうなりませんね。でも「オレも早くバレーやりたいな」と、練習したくてウズウズしてきます。

残りの現役生活は、バレーを楽しむ、全力で勝ちにいく、そして若い選手たちに何か還元できたらいいなと思っています。パナソニックにもどんどん新しい選手が入ってきているので、何か気づいたことがあれば伝えていきます。

西山なんて特にそうですけど、若い選手たちはみんなすごいポテンシャルを持っています。でも若い時って、決めてやろう決めてやろうと思いすぎて、肩に力がグーッと入るんです。ドドーンというスパイクを打ったら気持ちいいとか、そういうスパイクを打たなきゃいけないと思っているんじゃないでしょうか。それは僕も通ってきた道です。

でも今の僕から見ていると、「8割の力で打てば十分決まるのに」と思うんですよね。例えば時速120キロのスピードのスパイクを打ったとしても、リベロの正面に行けば拾われます。逆に100キロ弱のスパイクでも、ちょっと余裕を持って判断して、コースを横にズラしたら相手は取れなかったりする。だから、「そんなに力を入れずに、リラックスして、8割ぐらいで打ってみな」と言ったりしますね。

若い時にできていたのに今できなくなっていることはもちろんありますが、若い時にできなかったけど、今、できるようになったり、見えるようになったりしていることもたくさんある。だから面白いんです。そういうものをこれからも探し続けて、自分のプレーやチームに生かし続けていきたい。挑戦し続けたい、もっと進化したいという思いは、むしろ年々強くなっています。

だから、まだゴールは見えていません。この膝《ひざ》が持つ限り、僕は跳び続けますよ。

2023年10月

清水　邦広

写真提供　産経新聞社、清水邦広
制作協力　パナソニックパンサーズ

本書は書き下ろしです。

清水邦広（しみず　くにひろ）
1986年８月11日生まれ、福井県出身。身長193cm、体重97kg。ポジションはオポジット。母の影響で小学４年生よりバレーボールを始める。福井工業大学附属福井高校を経て東海大学に進学。大学在学中の20歳で日本代表デビューし、2008年にはチーム最年少の21歳で北京五輪に出場した。大学卒業後はパナソニックパンサーズに入団。日本代表では大黒柱として活躍し、15～16年には主将を務めた。18年に右膝前十字靭帯断裂、内側側副靭帯断裂、半月板損傷、軟骨損傷などの大怪我を負ったが、懸命のリハビリを重ねて復帰し東京五輪に出場。29年ぶりのベスト８進出に貢献した。

不屈《ふくつ》
挫折《ざせつ》をバネに飛《と》ぶ男《おとこ》

2023年11月１日　初版発行

著者／清水邦広《しみずくにひろ》
構成／米虫紀子《よねむしのりこ》
発行者／山下直久
発行／株式会社KADOKAWA
〒102-8177　東京都千代田区富士見2-13-3
電話　0570-002-301(ナビダイヤル)

印刷・製本／大日本印刷株式会社

●お問い合わせ
https://www.kadokawa.co.jp/（「お問い合わせ」へお進みください）
※内容によっては、お答えできない場合があります。
※サポートは日本国内のみとさせていただきます。
※Japanese text only

定価はカバーに表示してあります。

ISBN 978-4-04-113603-4　C0075